阿米巴
组织设计与划分

詹承坤　著

企业管理出版社
ENTERPRISE MANAGEMENT PUBLISHING HOUSE

图书在版编目（CIP）数据

阿米巴组织设计与划分 / 詹承坤著. —北京：企
业管理出版社，2019.1
ISBN 978-7-5164-1883-3

Ⅰ.①阿…　Ⅱ.①詹…　Ⅲ.①企业管理—组织管理学
Ⅳ.① F272.9

中国版本图书馆 CIP 数据核字 (2019) 第 019149 号

书　　　名：阿米巴组织设计与划分

作　　　者：詹承坤

责任编辑：张 羿

书　　　号：ISBN 978-7-5164-1883-3

出版发行：企业管理出版社

地　　　址：北京市海淀区紫竹院南路17号　　邮编：100048

网　　　址：http://www.emph.cn

电　　　话：总编室（010）68701719　发行部（010）68414644
　　　　　　编辑室 （010）68701661 　（010）68701891

电子邮箱：emph003@sina.cn

印　　　刷：北京美图印务有限公司

经　　　销：新华书店

规　　　格：170毫米×240毫米　16开本　11.75印张　150千字

版　　　次：2019年1月第1版　　2021年4月第5次印刷

定　　　价：68.00元

如何建立阿米巴组织是阿米巴经营的开始，也是阿米巴经营的完成，是决定成败的关键。

——稻盛和夫

请按照提示要求，进行相关内容的学习：

【思考】要求对照公司现状，思考有何指导意义和启发；

【操作】要求进行实战演练，做出相应的阶段性方案；

【成果】要求在阶段性方案的基础上形成完整的个性化方案。

目录
C O N T E N T S

第一章
阿米巴经营的本质与构造

　　阿米巴经营是一套基于东方经营哲学的经营管理系统，是哲学与实学的统一，是心法和干法的完美结合！

　　企业在牢固的经营哲学和清晰的战略基础上，再把企业划分为若干个阿米巴组织，实行独立核算，自主经营。这个步骤就像是"阿米巴虫"自由重复进行细胞分裂那样，每一个阿米巴都有自行制订计划的权利、进行独立核算的责任。企业以各个"阿米巴"为核心，持续自主成长，并让每一位员工成为主角，实现"全员参与经营"，打造务实且富有激情的集体，依靠全体成员的智慧和努力完成企业经营目标，进而实现企业的飞速发展。

　　本章是阿米巴经营的综述部分，帮助学员了解阿米巴经营的历史和常识。

第一节　阿米巴经营概述

亚洲金融风暴过后，日本很多大公司都出现问题，但京瓷集团凭借其独创的阿米巴经营模式在4次全球性的经济危机中都屹立不倒，并且有持续的发展，成为全球企业界的佼佼者。

由此可见，阿米巴经营已然成为现阶段世界各大行业中最为先进的经营方法，也是各大企业争相学习的先进管理模式。

一、阿米巴经营的定义

阿米巴经营是一种经营方法。简而言之就是把组织划分成一个个小的团体，通过独立核算加以运作，在公司内部培养具备经营者意识的领导，实现全体员工参与经营的全员参与型经营。

——稻盛和夫

阿米巴经营三大关键词：

●独立核算；

●经营人才；

●全员参与。

二、为什么采用"阿米巴"命名

在拉丁语中，"阿米巴"（Amoeba）是单个原生体的意思。"阿米巴"属原生动物变形虫科。由于其身体柔软，可以向各个方向伸出伪足，并可以任意改变体型，没有固定的外形，因而得名"变形虫"。通过不断调整自我来适应变化的生存环境是其最大的特性。极强的环境适应能力使变形虫在地球上存在了几十亿年，成为地球上最古老、最具生命力和延续性的生物体。变形虫的三大生物特点，如图 1-1 所示。

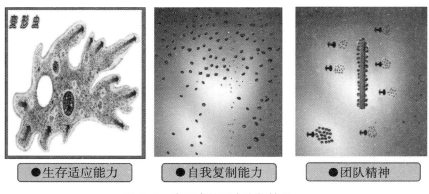

●生存适应能力　　　●自我复制能力　　　●团队精神

图 1-1　变形虫的三大生物特点

在京瓷公司成立 5 年时，稻盛和夫独创阿米巴经营方式，使公司拥有了更强的适应市场变化的能力，从而保持了发展的活力。这也是京瓷公司在经历 4 次全球性经济危机之后，不仅没有被市场淘汰，反而依旧成为东京证券交易所股价最高的企业的重要原因。

京瓷公司的经营方式可以使企业随着外部市场环境的变化而不断"变形"，进而调整到最佳状态。由于此种经营方式与"阿米巴虫"的群体行为方式非常类似，故而得名"阿米巴经营"。

【思考】变形虫的三个特点对企业经营有何启发意义？

三、稻盛和夫先生的不凡人生

稻盛和夫，日本的经营之圣。27 岁时，其一手创办了京都陶瓷株式会社；52 岁时，其又创办了日本第二大通信公司——第二电电（KDDI）。在其有生之年，这两家公司不仅成功跻身世界 500 强企业，更是在长达 50 多年的经营发展中从未亏损，并经常保持着 10% 以上的利润率。

稻盛和夫先生的不凡人生，还体现在他实现了日本航空公司的重生。

被称为日本"翅膀"的世界第三大航空公司——日本航空公司（以下简称"日航"）在 2010 年宣布破产，同时背负了 1.5235 万亿日元的巨额债款。为挽救日航，日本政府盛邀稻盛和夫出任公司的董事长。尽管此时的稻盛和夫潜心佛学，但是他仍旧临危受命，接管了日航。在其领导之下，一系列的"日航重组计划"不断得到顺利实施。2011 年，日航便实现了扭亏为增。之后，公司不仅保持了黑字经营，纯利润更是达到了 1866 亿日元。2012 年 9 月，日航重新出现在东京证券交易所。具体来说，日航 5 年重生经营成果，如表 1–1 所示。稻盛和夫创造的三家世界 500 强企业，如图 1–2 所示。

表 1–1　日航 5 年重生经营成果（单位：亿日元）

社长	稻盛和夫（2010.2.1 ~ 2013.3.31）				植木义晴
财年	2010	2011	2012	2013	2014
销售额	13622	12048	12388	13100	13447
利润	1884	2049	1952	1663	1490
利润率	12.69%	17.8%	15.7%	12.7%	11.08%

图 1-2　稻盛和夫创造的三家世界 500 强企业

概括起来，稻盛和夫先生的成就主要集中在以下几个方面：

● 企业家：创建世界 500 强企业京瓷和 KDDI；2010 年 2 月，担任破产的日航 CEO，并使日航在 2012 年 9 月重新上市。

● 科学家：为京瓷和 KDDI 两家企业发明了所需的创新产品，如镁橄榄陶瓷。

● 哲学家：在京瓷公司成立后不久，汇编京瓷哲学，后又被称为稻盛经营哲学；季羡林先生称其为"企业家兼哲学家第一人"。

● 教育家：1984 年设立"盛和塾"，使近万名企业家塾生从中获益。

● 慈善家：京瓷创业第一年盈利，其亲自带头并发动员工帮助贫困家庭；秉承为社会做出贡献的经营理念并持续至今；1984 年，捐资 600 亿日元创立"京都奖"。

● 禅师：信奉佛教，并于 1997 年在圆福寺剃度出家。

【阅读链接】

日本经营四圣之一：稻盛和夫

松下公司的松下幸之助、索尼公司的盛田昭夫、本田公司的本田宗一郎和京瓷的稻盛和夫被称为日本的"经营四圣"。其中，唯一健在的就是稻盛和夫。日本经济发展曲折，从战后恢复到创造奇迹，再到泡沫破裂，整个过程稻盛和夫都完整地经历了。

技术员出身的稻盛和夫创立了京瓷，并凭借刻苦勤奋的精神和高标准的商业道德准则成了日本企业家的代表人物。从京瓷销售及利润变化情况，可以看出稻盛和夫在经营方面出神入化的表现，如图1-3所示。

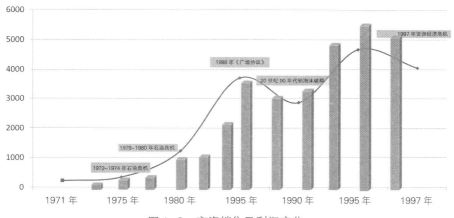

图1-3 京瓷销售及利润变化

在我国，被尊称为"圣"的人必然在某一领域有着杰出的贡献，并得到了人们的广泛尊重，如至圣孔子、诗圣杜甫、书圣王羲之、药圣孙思邈等。稻盛和夫被称为日本经营四圣之一，离不开其在经营上的成功和其为人之道，而指导稻盛和夫的思想便是深植于佛教的道德准则，即"利他主义"与"追求人生的善与不朽"。

【思考】你阅读过稻盛和夫先生哪些著作？你如何评价稻盛和夫先生的成就？

四、阿米巴经营的发展与传播

（1）启蒙阶段。西乡隆盛、大久保利通、涩泽荣一、松下幸之助等人的商业实践和管理理念，对稻盛和夫先生的经营哲学产生深远影响。

（2）雏形阶段。丰田提出成本最小化、利润最大化观点，松下的事业部（SBU）实践，为阿米巴经营奠定了坚实基础。

（3）成熟阶段。稻盛和夫先生的创立两家世界500强企业，在实践中理论体系趋于完善。

（4）世界流行。在稻盛和夫先生的帮助下，来自不同行业的9000多家日本企业导入阿米巴经营模式，并取得巨大成功。

（5）中国实践。稻盛和夫先生和中国企业界交流密切，本人多次到中国讲学，国内逐渐兴起阿米巴热，很多优秀的企业开始导入阿米巴经营模式。在中国，稻盛和夫先生的《阿米巴经营》这本书已售出近200万册，直接或间接受到稻盛和夫经营思想影响的企业家超过100万名。

五、各界名流如何评价稻盛和夫

季羡林说过："稻盛先生是我最尊敬的企业家，他的著作让我很受启发。根据我七八十年来的观察，既是企业家又是哲学家，一身而二任的人，简直如凤毛麟角，有之自稻盛和夫先生始。"

马云（阿里巴巴）说过："我对稻盛先生一直很敬仰……很多事情是我最近一两年才想清楚的，但是稻盛先生多年前就已经想清楚了。"

孙正义（日本软银）说过："如果没有稻盛先生'敬天爱人'的哲学和阿米巴经营方式，就没有软银的今天。从这点上讲，就是拿几百亿日元来，也报答不了稻盛先生的教诲。"

张瑞敏（海尔）说过："稻盛先生是我最尊敬的企业家，他的著作让我很受启发。"

张勇（海底捞）说过："稻盛和夫的哲学解决了我的困惑，我决心将工作的重点转移到打造'双手改变命运'的平台上。"

六、阿米巴经营为企业带来什么好处

阿米巴模式就是把企业划分成一个个小集体，让每个小集体独立核算、自负盈亏，从而激活每个小集体的成本意识和经营意识，培养具备经营者意识的人才，达到人人成为具备经营者意识的人才的目的。

1. 培养具有经营意识的人才

能够不断为企业培养出具有经营意识的经营人才，并且使其与企业家理念一致。

2. 客观衡量员工贡献

通过"经营会计报表"与"单位时间核算表"，不仅可以客观公正地评价员工的努力与贡献，而且可以使全体企业员工拥有明确清晰的工作目标，从而提升工作效率。

3. 提高员工经营主动性

"透明化经营"的高效开展实现了企业内部高、中、基层的顺畅沟通，有利于增强企业的凝聚力和员工的责任感。有效授权使员工积极主动参与经营，从根本上提高了员工的经营主动性。

4. 数字化、精细化管理得以实现

有效的组织划分，使企业内部形成一个个小的自主经营单位。通过独立核算，企业可以更清楚地看到经营中存在的问题，精细化、数字化的管理也因此得以真正实现。在此基础之上，企业可以根据外部经营环境的变化，快速而准确地做出经营判断。

5. 及时有效传递市场压力

正所谓："众人拾柴火焰高。"企业内部市场化的展开，彻底推倒部门墙，将企业面临的经营压力传递给每个员工。只有充分发挥全体员工的智慧，才能使企业更好地应对激烈的市场竞争。

6. 实现经营的循环改善

经营会计、内部交易的不断运用，核算标准的不断提高，可以在企业内部形成良好的量化积累的经营循环，大幅度增强企业"体质"，使企业即使遭遇恶劣的经营环境，也能平稳度过，甚至得到更好发展机会。

7. 形成良好的企业文化氛围

企业只有真正实现"哲学共有"，使经营理念落地并且深入人心，才能形成全员积极向上、勇于承担、开放共享、努力进取的良好企业文化氛围。

【思考】你觉得稻盛和夫先生的经营思想与西方的经典管理思想有何不同？

七、企业导入阿米巴经营的三个阶段

在互联网时代，企业家必须变革组织，精打细算，让人人成为经营者，以激发企业潜能。阿米巴经营公平公正的分配系统与激励系统释放了基层单元的活力，带动企业整体来共同面对快速变化的市场。内部市场化的运作方式使企业一线员工在岗位上的无效工作减少，实现了一线员工的赋权经营，最终达成"像老板一样思考、决策和行动，自主经营"的目标。阿米巴经营为企业指明了方向，推动了中国企业的转型升级和未来发展。

通过对和英咨询服务过的众多案例进行分析，阿米巴经营可以释放企业潜能，创造高绩效。导入阿米巴经营有三个必经阶段：

第一，植入阿米巴基因。

这是阿米巴经营模式的导入期，企业潜能和经营业绩有所提升。在这个过程中，主要是分阶段进行阿米巴组织划分、分阶段进行组织内部市场化、导入阿米巴经营会计、定期召开业绩分析会及改善业绩。

第二，固化阿米巴基因。

这是阿米巴经营模式的巩固期，企业潜能和经营业绩飞速发展。在这个过程中，主要进行经营哲学的提炼、构建公平公开公正的业绩评价体系、构建业务评价结果活用体系、构建年／季／月度经营计划体系、构建战略与组织检讨及调整机制。

第三，阿米巴基因进化。

这是阿米巴经营模式的优化期，企业潜能和经营业绩达到巅峰状态。在这个过程中，企业主要是构建核心人才平台，使企业持续经营，基业长青。

企业导入阿米巴经营的三个阶段，如图 1-4 所示。

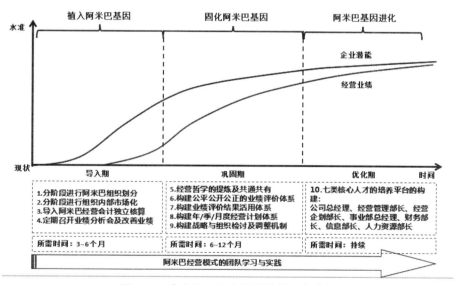

图 1-4　企业导入阿米巴经营的三个阶段

【思考】企业导入阿米巴经营为什么要经过三个阶段？

第二节　阿米巴经营的本质

一、实施阿米巴经营的目的

企业实施阿米巴经营的目的主要有三个，如图 1–5 所示。

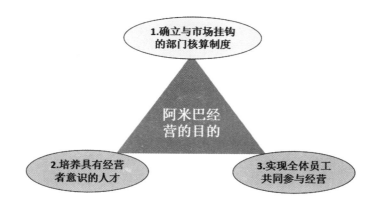

图 1–5　阿米巴经营的目的

1. 确立与市场挂钩的部门核算制度

把组织划分为小的单元，采取部门核算管理，以及时应对市场变化，践行公司经营"追求销售额最大化和经费最小化"的原则。

2. 培养具有经营者意识的人才

企业经营权的下放，可以使各个小单元的领导上下同欲、团结一心，树立起"自己也是一名经营者"的意识，从而激发出其作为经营者的责任感，努力提升自己的业绩。如此便可真正实现由员工"被动"立场向领导"主动"立场的转变。这种转变正是员工经营者意识得到树立的开端，于是与老板一同承担经营责任的经营伙伴将从这些领导中不断涌现。

3. 实现全体员工共同参与经营

每一个成员都会在各自岗位为自己的阿米巴甚至为整个公司做出贡献吗？阿米巴领导及其成员制定目标并实现这一目标会感到工作的意义吗？员工能在工作中找到价值与乐趣吗？答案是肯定的。在阿米巴经营下，企业能够真正实现"全员参与经营"，员工站在老板的立场上思考，并且像老板一样为公司努力工作。

总的来说，阿米巴经营是一种把培养人才、培养与企业家理念一致的经营人才作为根本目标，并且实现上下同欲、团结一心的经营模式。

【思考】假如你的企业已经实现了阿米巴经营的三个目的，企业会有什么样的变化？

二、阿米巴转变企业的驱动模式

阿米巴经营可以实现全员驱动，即全员在价值、组织、大数据的驱动下，人人发力，推动企业高效快速地飞驰，就像一列动车一样。原来的老式火车只能每小时跑80千米，为什么高铁能每小时跑300千米？这是因为，老式火车只有一个车头驱动，而动车则是每节车箱都有动力驱动。传统企业的经营模式、理念及驱动力，只有企业家一个人驱动。而阿米巴经营模式，则是全员驱动。这种驱动模式的转变，就是企业提速增效的关键。

企业家必须变革组织，精打细算，激发企业潜能。阿米巴经营公平公正的分配系统与激励系统释放了基层单元的活力，带动企业整体来共同面对快速变化的市场，让每个员工都像企业老板一样思考、决策、行动。

企业与员工之间不能仅仅是雇佣关系，只有让员工与企业利益共享、风险同担，才能让员工主动为企业出谋划策。学习阿米巴经营的企业家需要记住，稻盛和夫先生的阿米巴经营不是画大饼、造大梦，而是打造关爱、公平、透明的组织机制，实实在在满足员工的精神与物质需求。

阿米巴经营重塑企业文化，培养员工的经营意识，实现企业精益数字化经营，成为越来越多企业改革的重点。完整的阿米巴经营体系从文化、组织、财务管理、业绩改善等各方面给出了科学的答案。

【思考】你认为员工的驱动因素主要有哪些？

三、阿米巴与经济责任制的区别

阿米巴与经济责任制的主要区别，如表 1-2 所示。

表 1-2　阿米巴与经济责任制的区别

项目＼类别	承包经营	阿米巴经营
责任	利润最大化	以培养人才为核心目的，同时实现利润最大化
权力	拥有较大的财权、人事权	通过事前计划、事中管理、事后评价，系统控制分权风险
利益	承包者利益最大化	利益全员共享

续表

类别 项目	承包经营	阿米巴经营
长短期利益平衡	关注短期利益，急功近利	关注短期利益，更关注长期利益
大局观	局部利益最大化，形成"诸侯"	关注局部利益同时服从全局利益
资源利用	最大限度甚至透支资源， 资源集纳度低	合理利用资源，资源集纳度高

四、阿米巴与成本中心的区别

对企业成本和费用承担控制、考核责任的是成本中心。成本中心的设立，可以帮助企业有效控制成本。然而很多企业的实践已经证明，阿米巴经营模式同样可以为企业节约大量成本。

那么，阿米巴经营模式与成本中心的区别在哪里呢？

1. 成本管控目的不尽相同

成本中心是企业进行成本管控的具体战略实施部门，其负责人不具体关心"收入"，只要求公司"成本"让老板满意，即为了达到上级下达的降本目标而去降成本。由于阿米巴经营体成员的收入与效益挂钩，所以大家不仅要考虑怎么去降低成本，还要考虑怎么做才能增加产出。因此，阿米巴经营模式使员工不再是从完成降本目标的角度去思考企业的成本管控问题，而是可以站在老板的角度，努力改善自身阿米巴组织的经营绩效，增加有效产出。

2. 核算范围不同

成本中心模式只要求核算某成本中心发生的直接成本；阿米巴经营模式要求以货币形式，精细划分管理企业内部所有资源，把与阿米巴经营体相关的资源，比如内部服务，成本费用等都量化成为有价资源，并把这些全部纳入阿米巴组织的成本管控之中。

3. 核算形式不同

成本中心模式不存在各成本之间的市场交换关系；而阿米巴经营模式则需要形成内部交易价格体系，比如产品销售价、物资采购成本、内部收购服务价和项目契约价。各阿米巴经营体之间通过"买卖""服务"和"契约"关系实行有偿经营，并能够对各阿米巴经营体的收入与支出进行及时的核算。

4. 经营方式不同

成本中心模式，其核算仅针对成本中心内部；在阿米巴经营模式下，企业会自然地形成买卖、服务和契约三种交换关系，以"经营链"为纽带，实现企业内部的顺畅经营。

5. 观念认识不同

成本中心模式下，员工只关心自己的成本，不关心公司的成本，对企业整体绩效敏感度不够，不能激发员工无限的潜能与激情；而阿米巴经营模式下员工以经营者身份参与企业，员工变得不再被动，得到了应有的尊重。企业的市场好坏、产量多少将直接影响到员工的经营收益，因而员工对整个企业的发展更为关注。如此一来，员工的主人翁意识更强，工作的积极性和主动性更高。

6. 管控阶段不同

成本中心模式，一般是在月底进行结算，成本控制属于一种延后控制；阿米巴经营模式下可以随时结算各经营成本，更加具有灵活性，而成本控制是全过程、全方位的。

7. 分配方式不同

成本中心模式下，由于成本中心的可控成本只需要对上一级责任中心负责，没有利润可言，传统薪酬分配方式对员工激励程度有限；在阿米巴经营模式下，按照阿米巴经营体的经营收益和管理项考核情况对阿米巴经营体进行薪酬分配，阿米巴经营体成员的实际收入与经营利润成正比，更好地实现了收入分配的公正、公平、公开。

8.员工参与不同

成本中心模式下，成本是上级向下级制定的，通常情况下，员工属于被动角色，不理解、不配合等尴尬局面容易出现；而在阿米巴模式下，可以大幅度提高每一位员工对企业经营管理的参与度。一开始员工就参与到资源量化分摊的过程中，经营体各项资源费用划分完成后，还需要阿米巴经营体负责人的签字认可，员工属于一种"主动接受"的过程。

五、阿米巴与班组管理的区别

班组是指小的生产单位，班组管理是一个企业最基础的管理。很多企业在植入阿米巴经营过程中将原来的班组转变为阿米巴经营体，企业小生产单位的组长转变为了阿米巴经营体的负责人。但是阿米巴经营模式与班组管理之间存在着很多重要的区别，具体如下：

1.不同的管理方式

班组管理以完成上级传达的生产任务和产品质量为主要工作，班组长是生产的劳动者，是技术骨干，没有内部市场概念，产品的转移和交换不需要实行内部结算，班组也不会有利润概念，绩效考核以传统的经济责任制为依据。

阿米巴经营体以经营成果为结算依据，以核算作为衡量员工的重要指标。阿米巴经营拥有内部市场和利润概念，产品的转移和交换实行内部交易价格结算，绩效考核以经营利润为主要依据。

2.不同的管理动力

班组管理执行上级下达的计划命令，是一种被动性管理。班组在班组长的带领下努力完成目标，保证质量，是一种以小组为生产单位的组织。

阿米巴经营模式充分尊重员工，可以有效激发员工的主动性，使员工主动通过自我管理达成既定目标。

3. 不同的管理内容

班组管理中，班组长一般只需要关心产量、质量、现场管理等生产情况以及执行上面下达的指令，不需要关心市场。而阿米巴经营体负责人需要关注经营成果、资源的合理使用以及资源价格的合理性等经营状况。

在结算管理上，阿米巴经营体是经营核算的基本单位；在组织职能上，阿米巴经营体是经营运作的最小主体；在薪酬分配上，阿米巴经营体的经营成果是经营结算的依据。

丹尼尔·平克曾说："这个时代不需要更好地管理，而需要自我管理的复兴。"阿米巴经营体就是以各个领导人为核心，制订计划并依靠全体员工的智慧与努力来完成，能够真正实现每个员工自主经营，成为主角。企业要充分认识到阿米巴经营管理与班组管理的本质区别，这样才能在实践中少走或不走弯路，实现由班组管理向阿米巴经营管理的全面深入转变。

第三节　阿米巴的基本构造

一、阿米巴三大支柱

阿米巴经营的基本结构：

　　　　阿米巴经营 = 经营哲学 + 经营会计 + 阿米巴体制

阿米巴经营的核心是培养具有经营意识的领导人才，其终极目标是构建幸福型企业。阿米巴经营的基本构造，如图 1-6 所示。

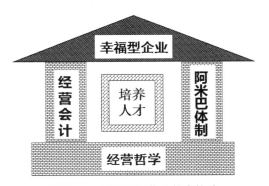

图 1-6　阿米巴经营的基本构造

1.经营哲学

企业家需要具有哲学家的思考与远见，能够提出经营需要的哲学。它体现在制度规范、思维方式、企业文化、企业品格等各个方面。

【阅读链接】

京瓷哲学概述

在对工作和人生不断进行自问自答的过程中，稻盛和夫总结出了经营的道理，这便是京瓷哲学。

人的任何行为都要符合作为人的道理，做出的判断要基于"何谓正确的做人准则"这一标准，从而保证任何行为都不违反社会的一般道德标准。在稻盛和夫看来，"何为正确的做人准则"是最基本的伦理观和道德观，它是基于人的良心做出的判断。具体来说，小时候，父母或者老师都会教导我们"不要贪婪""不要骗人""不要说谎""要诚实"，这是每个人都熟悉的必须遵守的基本准则。同样，在经营中，管理人员更要遵守这些准则，不能依据是否对自身有利进行判断，而要依据"何为正确的做人准则"进行判断。

2.经营会计

经营会计成型于20世纪70年代的日本，它是一门"经营系统量化决策"工具，拥有一套精准有效的企业数据获取系统及分析原理。其目的是提升"企业效率、收益性及成长性"，与此同时追求企业财务方面的安全和稳定。稻盛和夫先生这样说："阿米巴经营是一套基于牢固经营哲学的分部门（分商品、分项目）核算的会计体系。经营无非就是如何扩大销售额、如何减小费用的问题，一点都不难。"

【阅读链接】

兰州拉面馆的单位时间核算表

在阿米巴经营中，单位时间核算就是计算出每个阿米巴的单位时间附加价值。简单地讲，就是从每个阿米巴的当月销售额中减去所有当月经费，剩余金额除以当月总时间所得的数字，作为经营指标，我们称之为"单位时间核算制"。只要细看单位时间核算表，"哪个产品没有取得客户订单"之类的有关情况就能一清二楚，便于经营者迅速做出判断并采取对策。另外，为将经费压缩到最少，单位时间核算表把经费科目做了细分，比一般会计科目分得更细，构成所谓的实践性经费科目。比如不是笼统地列出一项"水电煤费"，而是将其中的电费、水费、燃气费项目分别列支。这样做，从事实际工作的员工就能一目了然，并可采取具体行动来削减经费。看了细分后的核算表，经营者就能掌握经费增减的原因，便于切实改进。

为了更直观地了解单位时间核算表，我们以一家兰州拉面馆的经营数据和经营报表来说明。

表1-3 兰州拉面馆的单位时间核算表

项目	单位	金额或数量
销售价格	元 / 碗	10
销售数量	碗 / 天	300
费用—面条	元 / 碗	3.5
费用—调料	元 / 碗	1
费用—燃气水电	元 / 月	4500
费用—房租	元 / 月	3000
煮面时间	小时 / 天	10
营业时间	天 / 月	30

表1-4　兰州拉面馆业绩改善后的单位时间核算表

项目		核算方式	单位：元
销售净额		10×300	3000
费用	1. 面条	3.5×300	1050
	2. 调料	1×300	300
	3. 电费	4500/30	150
	4. 房租	3000/30	100
	小计		1600
经营利润			1400
工时（小时）	煮面时间（小时）	10 小时 / 天	10
	小计		10
月均总人数			2
月单位时间核算		利润 / 时间	140 元 / 小时

表1-5　兰州拉面馆的数据变化

项目	上月数据单位：元	A. 面条成本下降 0.5 元 / 碗	B. 缩短时间 2 小时 / 天	A+B
销售额	3000	3000	3000	3000
费用合计	1600	1450	1600	1450
1. 面条	1050	900	1050	900
2. 调料	300	300	300	300
3. 房租	100	100	100	100
4. 燃气、水电	150	150	150	150
经营利润	1400	1550	1400	1550
时间	10	10	8	8
单位时间价值	140	155	175	194
提升幅度	基准	11%	25%	38%

3. 阿米巴体制

阿米巴体制，包括策略落地和人才培养，即，如何打造持续高收益的企业体制，建立能够"随时随地"全盘掌握业务状况的组织，建立最有效的企业组织结构，建立能够灵活应对市场变化的柔性组织，建立贯彻理念、策略的业务流程和经营制度体系，搭建企业的人才赛马平台。

【阅读链接】

阿米巴模式下的小组织经营

一般而言，在传统职能式的企业管理模式下，组织结构一经确定便会长期保持不变，这种组织结构稳定而僵化。与传统模式相比，阿米巴模式下的组织规模虽小，但灵活多变。如今，经济环境变化迅速，一成不变的组织结构已经难以适应了，小而灵活的阿米巴模式有着很大的发展空间。而且，我国数量众多的中小型企业与阿米巴有着众多相通之处，非常适合引入这一模式。

阿米巴模式需要把企业整体划分为一个个阿米巴组织，每一个阿米巴组织都可以自主经营、独立核算、自负盈亏。为此，企业在划分阿米巴组织的过程中需要遵循一定原则，即"能够独自完成一道工序并创造市场价值"，具体而言，每个阿米巴组织都要保证"服务企业战略、最大限度划小、独立核算、独立完成业务、责权利一致性"。

在阿米巴模式下，组织结构的构建不是以部门职能为标准，而是以工作流程为中心，因此即使是最基层的阿米巴组织也能够最大限度地发挥公司的整体能量。组织结构细分之后，各项工作的责任落实到具体员工身上，可以激发其经营自家企业的意识，从而促使其以更加积极、主动的态度进行工作，并在公司内部传递这种正能量。

【思考】你是如何理解阿米巴三大支柱之间的关系的？

二、阿米巴经营的管理学机理

阿米巴能够有效解决分工与协同（效率）、生存与发展（持续）、分权与集权（风险）之间的矛盾，如图1-7所示。企业只有解决这三个矛盾，才能够创造价值。

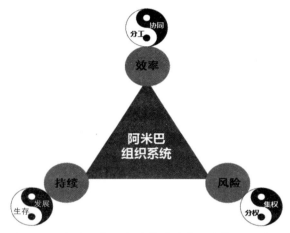

图1-7　阿米巴组织解决传统企业三大管理矛盾

1. 分工与协同（效率）

现代企业是个高度分工协作的组织，在组织里，那么多不同的人都在努力地做着不同的事情。美国企业史学家艾尔弗雷德·D·钱德勒说："现代企业的根本难题就是不断专业化分工之后如何协同。体力劳动的协同，可以依靠外化的标准，形成明确的输入、输出和工作方法。知识劳动的输入、输出和工作方法非常难以标准化，协同起来就无比困难。"

部门专业化和岗位专业化随着时代的发展而不断发展，却造成了协同困难的问题，比如在企业中造成的难以逾越的部门墙。每个人都成为自己领域的专家，并"固执"地从专业角度来思考问题，却不去思考"自己怎么做才能让别人的工作更有效"，因而造成了局部效率拖垮整体效率问题的出现。

与把责任分层落实相比，分流程落实更为困难。这个问题使很多老板手足无措。事实上，企业老板大约只有 30% 不是作为裁判处理问题，绝大多数老板都以"裁判"的身份处理部门协同问题。久而久之，老板成为发号施令者，员工成为"听令行事"者，其独立思考及创新的能力也因而丧失。

流程化是管理系统的基础。关键不是有没有流程的问题，而是企业能不能在专业分工的基础上实现协同的问题。以华为公司为例，任正非的高明之处，就是把企业组织化、流程化，集成研发、集成供应链、集成财务等，华为建立起了一套协同的系统。每个有追求的企业都必然会经历华为的流程化道路。如果企业不能协同，不能系统化，怎么还能发挥组织化的力量呢？

2. 生存与发展（持续经营）

稻盛和夫在一次演讲中曾说："阿米巴经营模式，要求企业经营者具备强烈的愿望、充沛的热情，付出不亚于任何人的努力，不断创新，企业就能成长发展。"企业要发展，要长期持续地繁荣，确立清晰的管理会计的体制，对各部门的经营实态能够即时掌握，并迅速采取应对措施，这是绝对必要的。

企业发展的根本动力在于关注员工、顾客和商品，也是学习和实践阿米巴经营的具体展现形式。比如，我们关注员工就是要给广大员工充分的利益；关注顾客就是要充分展现广大消费者的利益；关注点商品就是要充分体现商品的价值以及厂商的根本利益。只有把企业的几个关注点真正落实到工作中，才能最大程度上体现企业的根本利益。这也是企业发展的根本动力和重要保证。

阿米巴经营是一套与公司各项制度互相关联的以独特经营哲学作为基

础的管理系统。每个企业都有各自的特点，企业如果只是表面效仿阿米巴经营模式，容易做到，但是要在实践中运用并形成稻盛和夫经营哲学，是非常困难的。拥有一套完整的经营哲学思想是企业成功的关键因素。所以，我们千万不要机械地学习和单纯地模仿，而是要在消化的基础上，结合企业的实际情况加以总结、运用，从而探索出一条能够长远稳步发展的经营道路。

3. 分权与集权（风险）

阿米巴经营的分权是在集权指导下的分权，而集权是在分权基础上的集权。阿米巴实践研究院总结道："民主是形式，可以提高员工的参与度；控制是原则，则体现领导的强势权利。"阿米巴经营模式，要导入阿米巴经营哲学，让企业拥有共同的经营哲学价值观，最后才能实现企业经营利润的共享，并让每一位员工拥有经营者的意识，为企业出谋划策。

另外，阿米巴模式中人人成为经营者是指员工们具有组织经营权，但是权力是一层一层向下细分的，每一阶层的巴长权力也是不同的。首先，巴长的权力不包括组织所有权、现金支配权和利润分配权。他们权力的划分从大的角度来看可分为两种：一种是定性的事业部分权，一种是定量的权力。与此同时，还需要定期通过独立核算的阿米巴经营会计记录的盈利亏损的企业经营状况，互相监督量化分权，即分权不是无节制的。

经营领导者或事业部管理者并非无为而治，而是要付出不亚于任何人的努力，对企业经营循环改善提供有效的方法。领导者必须对销售员收集来的信息和经营数据进行彻底的分析，在准确掌握市场和竞争对手动向的基础上，做出正确的决策，比如定价，就是领导们的必修课和必须专有的特权。还有制订经营目标与计划、解决突发问题等，领导者必须身先士卒。也就是说，人人成为经营者是让员工有经营者的意识，还要遵守公司规章制度，服从统一的管理逻辑。权力下放，不等于放任自流，最后的目标还是一起实现公司价值。每个阿米巴的巴长，就像每个企业的老板，都要接受国家法律的约束，在一定规则之下拥有经营权。所以，企业领导者学习阿米巴一定要参透分权、授权与集权的真谛，不要踏入集权与分权的二元对立误区。

【思考】结合企业的实际，如何理解阿米巴的作用机理？

三、阿米巴实施要点

（1）以企业的经营哲学和理念为基础，指导阿米巴组织的经营活动。

（2）将企业组织分成若干"自主经营"的小集体。

（3）将计划作为基础，并通过经营会计实现"量化分权"，实现权利与责任的同步下放，直到基层一线。

（4）为达到以内部竞争促进外部竞争的目的，企业需要引入"内部交易会计"，从而实现内部市场化运作机制。

（5）独立核算的运用，可以使企业及各经营单位的实际情况被看得更清、更透、更系统，更容易被管理者把握。

（6）将经营利润作为核心目标，合理量化、客观评价员工的能力与业绩贡献，形成好的文化氛围，实现良性循环。

（7）促进员工、干部实现由被动的"管理者、执行者"到"主动思考和创造"的经营者的转变，激发和释放个人及企业的潜能。

（8）作为企业的一种现代经营模式，阿米巴经营从"人心"出发，并且追求经营艺术与经营科学的高度融合。

【思考】你觉得企业经营应坚持以人为本还是以结果为本？

四、阿米巴落地步骤

（参阅本书最后一章的讲解）

【阅读链接】

×× 连锁餐饮公司的阿米巴进化之路

1. 企业经营状况

×× 连锁餐饮公司，是中国快餐行业的本土品牌，其在 20 世纪 90 年代末期的时候自主研发了电脑程控蒸汽柜，在全球范围内率先攻克中餐"标准化"的难题。该公司始终坚持自己的品牌定位和企业发展理念，设立标准运营体系，全面与国际接轨，迅速打入市场，成为首家全国连锁发展的中式快餐企业，门店遍布 40 多个城市，并且拥有华南、华北、华东三大后勤中心，其规模持续领跑中式快餐行业。

通过标准化运作期、品牌运作期、资本运作期，该公司实现了由个体企业向现代化企业集团的飞跃，并向顾客不断传递着中华餐饮健康文化。该公司的发展数据，如表 1-6 所示。

表 1-6 公司发展数据

理念	为顾客提供持续稳定的高品质食品和美好的用餐体验
行业	快餐业，中国领导品牌
销售额	约 30 亿人民币
员工人数	约 2 万人
店铺数	608 家
创业	1990 年
导入咨询时间	2015 年 6 月至今

2. 导入阿米巴的几个阶段

该公司于 2015 年 6 月导入阿米巴经营模式，其阿米巴进化之路，如图 1-8 所示。

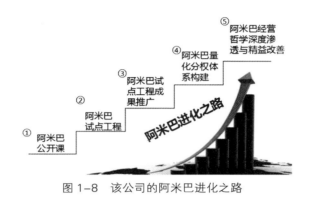

图 1-8　该公司的阿米巴进化之路

二、企业存在的核心问题

1. 外部市场

（1）高铁的出现、商圈的改变对该公司的业态造成比较大的影响。

（2）饿了么、美团等 O2O 网络送餐业务对该公司造成了比较大的冲击。

（3）各种主题餐厅的出现，对传统快餐业造成冲击。

2. 内部经营管理

（1）销售额这两年一直呈现下滑的趋势。

（2）亏损门店比例过高，利润也呈快速下滑的趋势。

（3）人员众多，流程管控极大地影响了员工工作的积极性。

（4）基层员工流失率过大，人力成本居高不下。

（5）部门墙厚重，组织效率不高。

（6）员工被动工作，缺乏幸福感。

（7）老板管理幅度过大，没有解放自己。

三、阿米巴改革措施

（1）营销中心以门店为核心展开阿米巴的独立核算，并逐级往上展开各层级的阿米巴独立核算。

（2）对三大代链中心展开独立核算，并往下逐级展开各层级的阿米巴独立核算。

（3）对各职能辅助部门展开阿米巴的独立核算，将费用分摊到下级利润部门。

（4）展开生产与门店内部交易。

（5）制定相应的以利润为导向的绩效考核与激励措施。

（6）展开快速的PDCA循环改善（门店每天出阿米巴报表进行快速循环改善，及时解决门店存在的问题）。

四、组织结构的对比

1. 阿米巴实施前组织结构

该公司实施阿米巴前的组织结构，如图1-9所示。

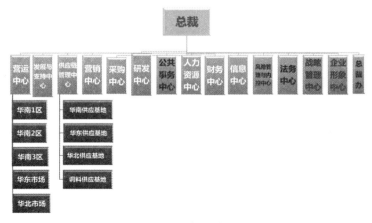

图1-9　阿米巴实施前组织结构

2. 导入阿米巴后的组织结构

该公司导入阿米巴后的组织结构，如图 1-10 所示。

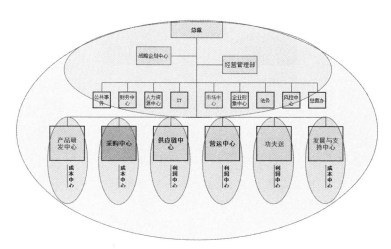

图 1-10　该公司的阿米巴组织结构

五、试点门店经营业绩的对比

1. 导入阿米巴 3 个月后销售额增加 3.8%

导入阿米巴 3 个月后，该公司的销售额增长，如图 1-11 所示。

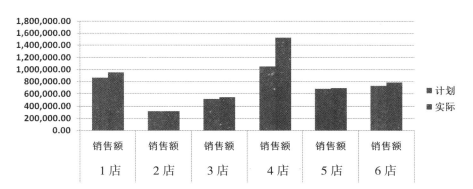

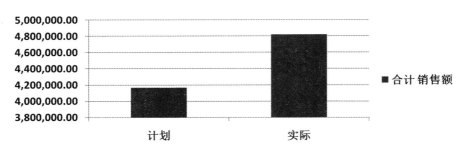

图 1-11 导入阿米巴 3 个月后销售额增长

2. 导入阿米巴 3 个月后边界利益增加 1.63%

导入阿米巴 3 个月后，该公司的边界利益增长，如图 1-12 所示。

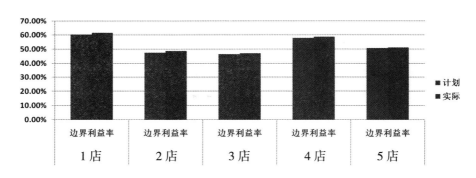

合计边界利益率

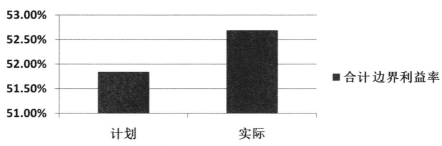

图 1-12 导入阿米巴 3 个月后边界利益增长

3. 导入阿米巴 3 个月后经营利润增加 45.45%

导入阿米巴 3 个月后，该公司增加的经营利润，如图 1-13 所示。

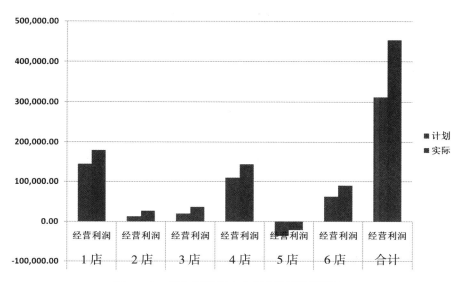

图 1-13　导入阿米巴 3 个月后经营利润增加

第二章
企业顶层设计与持续经营

　　纵观历史，中国民营企业的平均寿命都比较短，导致这一现象的根本原因是什么呢？产品是有生命周期的，那么企业一定有生命周期吗？

　　如何定义事业，事业又分多少个阶段？

　　如何站在基业长青的高度，谋划企业的未来，推进持续经营？

　　互联网时代，经营者和领导必须时刻检查本公司的经营方针是否适应现在的环境，预测未来的趋势变化，帮助企业实现持续经营。

　　阿米巴经营的组织设计，应根据内外部环境的变化，从战略和顶层调整开始，设计灵活、高效的阿米巴组织。

第一节　企业立意与事业管理

一、企业、事业、产品之间的关系

1. 层次：产品（服务）≤事业≤企业

从结构层面来讲，可以理解为，产品群组成事业，事业群组成了企业，如图 2-1 所示。

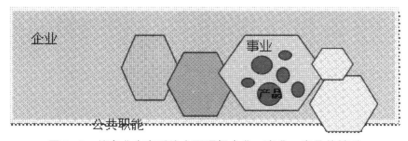

图 2-1　从商业生态系统方面理解企业、事业、产品的关系

极端情况下，产品（服务）= 事业 = 企业。

2.进化：产品（服务）→事业→企业

从发展进程来看，刚刚创立和成长阶段，企业的层次接近于产品，即产品＝企业；发展阶段，企业的层次接近于事业，即企业＝事业；纵深发展（有的企业选择多元化）阶段，企业层次超越事业的范畴，具有商业生态特征和人格意义，如图2-2所示。

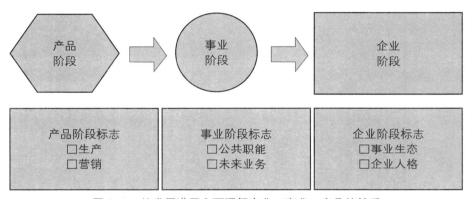

图2-2 从发展进程方面理解企业、事业、产品的关系

3.周期：产品（服务）≤事业≤企业

事业和产品是有生命周期的，从诞生、成长、发展直至死亡；

企业具有生态效应，可以追求长生不老！

理论上讲，企业经营可以无限持续，事业具有生命周期，产品的周期更为短暂。

但是，如果没有区分三者的关系，就会出现：产品（服务）＝事业＝企业，企业等同于事业，事业等同于产品。

这就是中国中小企业平均寿命不到三年的根本原因！

【思考】本节关于企业、事业、产品的观点，对你有何启发意义？

二、产品（服务）是企业生存的根本

1. 产品的含义

产品（服务），指用于交换的商品，基本属性是价值和使用价值。商品的本质属性是价值，商品的自然属性是使用价值。产品包括有形的物品和无形的服务、观念、组织或者是它们的组合。产品被人们使用和消费，可以满足人们的某种需求。

2. 产品的层次

20世纪90年代以来，以菲利普·科特勒为代表的一些学者倾向于使用五个层次来表述产品整体概念。

● 核心产品；

● 形式产品；

● 期望产品；

● 延伸产品；

● 潜在产品。

【阅读链接】

产品的生命周期

产品生命周期的本质是"产品从进入市场开始，直到最终退出市场为止所经历的市场生命循环过程，是一种主要矛盾产生斗争的过程"。产品的生命周期中主要矛盾的主要方面就是顾客的需求，实现需求和期望的能力是主要矛盾的次要方面。典型的产品生命周期一般可分为四个阶段，即投入期、成长期、饱和期和衰退期。

（1）投入期。新产品投入市场，便进入介绍阶段。此时，顾客对新产品还不了解，只有很少一部分追求新奇的顾客可能购买，新产品销售量很低。于是企业为了扩展销路，需要支出大量的促销费用，对产品进行宣传。这一阶段，由于技术方面不完善等原因，产品不能进行大批量生产，因而造成新产品成本高，销售额增长缓慢，企业不但得不到利润，还面临亏损的风险。新产品不论在技术还是销售方面都需要进一步的改善。

（2）成长期。新产品经受市场的初步考验，进入成长期。这时顾客对产品已经熟悉，大批新顾客开始购买，市场逐步扩大。产品大批量生产使成本相对降低，产品销售额达到一个顶峰，随之带来利润迅速上涨，竞争者看到有利可图，纷纷进入市场参与竞争。同类产品供给量增加，产品价格随之下降，企业利润增长速度逐步减慢，最后达到生命周期利润的最高点。

（3）饱和期（成熟期）。市场需求趋向饱和，潜在的顾客已经很少，销售额增长缓慢直至转而下降，标志着产品进入了成熟期。在这一阶段，竞争逐渐加剧，产品售价的降低和促销费用的增加使企业利润下降。

（4）衰退期。随着科学技术的发展，新的替代品的出现，使人们购买期望值提高，消费观念发生改变，产品的需求量和销售量将急剧下降。这个阶段，成本高的企业会无利可图直至退出市场，该类产品的生命周期走向尽头，直到最后完全撤离市场。

三、事业（SBU）是企业壮大的基石

1. 事业单元的含义和特征

SBU（战略业务单元）是公司中的一个单位，或者职能单元，它是以企业所服务的独立的产品、行业或市场为基础，由企业若干事业部或事业部的某些部分组成的战略组织。

一个理想的战略业务单位应该具备哪些特征呢？

（1）拥有独立业务。它是集独立业务或者相关业务为一体的战略组

织，但在计划工作中可能与公司其他业务分开单独作业，各个单位间相互独立。

（2）有不同的任务。在大目标相同的情况下，它可以完成区别于其他任务的具体个别任务，从其他方面为公司创造价值。

（3）有自己的竞争者。在各自的领域都有现实的和潜在的对手，拥有市场竞争者。

（4）掌握一定资源。它掌握公司分配资源的控制权，并且有能力创造新的资源。

（5）有自己的管理班子。它往往有一位经理，负责战略计划、利润业绩，并且控制影响利润的大多数因素。

（6）能从战略计划中得到好处。它有相对的独立权和公平性，能把应有的利润和其他好处按照贡献分给每一个人。

（7）可以独立计划其他业务。它可以根据市场变化扩展相关业务或新的业务。

2. 事业的存在与消亡

$$事业（SBU）= 顾客（C）× 业态（F）× 商品力（M）$$

●**顾客**：即目标客户，等于市场需求，也就是顾客数量 × 顾客需求。

●**商品力**：最核心的是价值与价格。

●**业态**：商品力提供方式，包含手段、途径和方法。

C/F/M 每个因子相对稳定的情况下，事业将存在。

C/F/M 任何要素发生变化，意味着事业的消亡，新事业的诞生。

以中粮集团的全产业链事业群为例，如图 2-3 所示。

图 2-3　中粮集团的全产业链事业群

【思考】为什么说事业和产品是有生命周期的？

四、企业的立意应高远

（以下表述比较抽象，了解即可）

与事业、产品相比较，企业的立意应该更加高远，这样才能实现向商业顶端进化。

要想使企业基业长青，必须具备以下三个特征：

1. 企业具有人格意义

企业从宏观上讲是复数的事业、复数的产品组成；

组织人格特征高于领导人人格特征，具有独立的人格意义；

人格化企业从理论上讲是一种充满了人文精神的群体和个体理性契约

的复合体。

2. 企业具有三层体制

在顶层设计上，阿米巴组织体制可分为如下三个层次：

（1）战略体制，对应企业层面。如果战略错误，战术、战斗做得再好也是无济于事。

（2）战术层面，对应事业（部）层面。战术不能转化为战斗，战术就失去根基。

（3）战斗层面，对应具体产品（服务）层面，主要是生产、运营、销售等业务。

战略、战术、战斗框架设计好以后，企业经营便具备体制的力量，企业经营就是在战略、战术、战斗的实施过程中，不断打磨、修复自己，即后边会提到的 PDCA 循环。

阿米巴经营的量化分权在做到下放企业经营权的同时，实现了"分权"与"集权"的统一。第一是战术与战斗层面的分权，以此调动员工的积极性，实现全员参与，自主经营；第二是战略层面的集权，企业领导者依然掌握公司战略发展的方向。阿米巴经营的分权是在集权指导下的分权，阿米巴经营集权是在分权基础上的集权。"民主是形式，可以提高员工的参与度；控制是原则，则体现领导的强势权利。"权利过剩或责任过剩就会产生企业官僚腐败习气，出现绑架老板的现象，阿米巴经营实现责、权、利对等，巧妙地解决了企业分权与集权的困境：一放就乱，一抓就死。具体如图 2-4 所示。

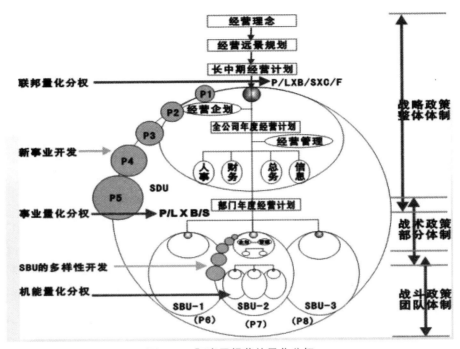

图 2-4　阿米巴经营的量化分权

3. 企业具备商业生态特征

企业是以组织和个人（商业世界中的有机体）相互作用为基础的经济联合体，相关组织和个人合理分工，又形成互赖、互依、共生的生态系统。

生态系统追求整体的延续和发展，在操作上存在局部舍弃和死亡，比如阶段性战略调整、事业部门的整合、萎缩业务的剥离。如同社会发展中，个体是有生命周期的，一个家庭也是有生命周期的，但是社会发展始终一往无前。

因此，企业具有生态意义，就可以自我调节，生生不息。以日本京瓷的全球商业系统为例，如图 2-5 所示。

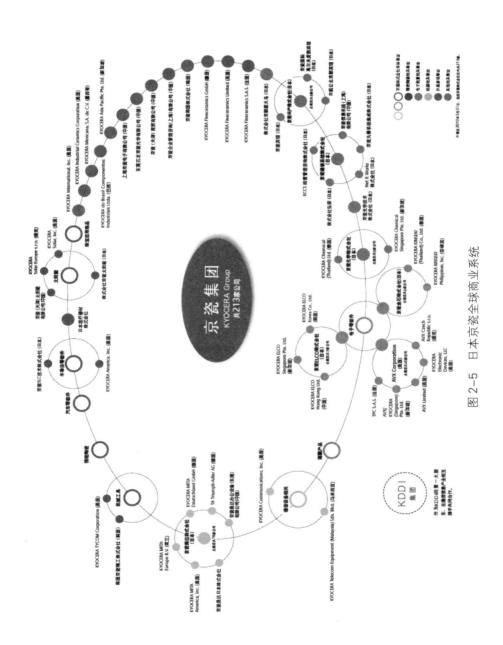

图 2-5　日本京瓷全球商业系统

【思考】关于"企业立意"的论述对你有何启发意义？

【阅读链接】

日本中小企业的生命力为何那么强

百年企业最多的国家不是最早进行工业革命的英国，也不是以制造业闻名的德国，而是与我国一衣带水的日本。有调查显示，创业100年以上的日本企业高达50000家，创业200年以上的日本企业达3000多家。其中，一家名叫"金刚组"的日本建筑公司诞生于578年，已有1400多年的历史了，是世界上寿命最长的企业。在长寿企业数量方面，日本遥遥领先。排名第二的德国，创业200年以上的企业只有1560家，排名第三的法国则只有330家左右。

在日本，那些长寿企业不一定有着庞大的规模。例如，在东京墨田区有一家小企业，表面上看起来它就如同过去20年中国的街道小工厂，内部职工也只有区区5名。这个企业就是创建于1930年的冈野工业株式会社，在冲压加工方面是世界第一。每个初次到访的人都不敢相信这家小企业创造了世界奇迹，不敢相信世界上最细的注射器针头出自这里。为何规模如此小的冈野工业株式会社能有这般辉煌的成就？要说与其他小企业有何不同，大概就是冈野工业株式会社社长冈野雅行是日本制造业赫赫有名的金属模具冲压大师，并且坚信"别人做不了的我一定能做"。

日本的中小型企业与我国的中小型企业有着较大的差异，这主要表现在经营理念和管理模式上。具体来说，在经营理念上日本的中小型企业不追求规模的大小，年产值、利润、人员数量等都不是企业的重点关注对象，它们将自身定位于那些有需求的大行业产业链之中。在大企业的产品细分市场之中，这些中小型企业根据自身特长、技术特点等决定生产什么产品。这些中小型企业虽然规模不大，但是在具体的细分市场内却比任何大企业做得都要好，它们的产品不仅更有特色而且功能性也更强。总结来说，这些中小型企业的经营思路是，以专业水平在市场上获取垄断地位，让其他企业的产品在结构、精度、功能等方面无法超越。

反观我国中小型企业的经营理念和发展模式，可以发现，大部分中小型企业注重规模和市场占有率，看重的是产值的规模大小，一心想把企业做大。日本中小型企业的成功源于其越做越小、越做越精。在行业产业链中，它们不为规模和产值的扩大而生产，而是聚焦于专业化细分产品的生产，让企业成为其他企业不可替代的一颗螺丝钉。我国中小型企业与日本中小型企业在经营理念和发展模式上迥然不同，这是二者最大的区别。

螺丝钉虽小，但却是大机器所不可或缺的。在日本，丰田、日产、马自达是赫赫有名的汽车制造商，但是它们最想合作的对象却是只有5名职员的小企业冈野工业株式会社，因为只有这家小企业能够为其生产研发新型燃料企业所需要的高难度零部件。正如冈野雅行曾说的："我们要搞的加工，绝对是中国、欧美企业做不出来的，在燃料电器汽车的实用化竞争中，日本必将一路领先！"这便是小企业的气魄。

日本的中小型企业不求大、不求全，它们以高超的生产技术作为立身之本，做的是市场上他人做不到的事。它们虽为配角，但却是竞争激烈的市场上无人可替代的角色。正因如此，日本的中小型企业才有着如此强大的生存能力。

第二节　事业的生命周期分析与运用

中国的中小企业、小微企业多处于产品阶段，部分大中型企业处于事业阶段，少数优秀的企业处于企业阶段。

事业管理，是企业经营的核心内容，也是企业组织设计的前提，必须对事业单元进行分析和盘点，在此基础上设计组织。

一、事业发展的若干阶段

事业如同生命个体一样，有诞生、成长、发展到衰亡的过程。

从两个维度来理解事业的生命周期，横轴为成长性，纵轴为收益性，具体如图2-6所示。

●成长性是事业与前一阶段相比业绩规模的增长情况，体现在增长率上；

●收益性指事业的利润贡献，体现在绝对额上。

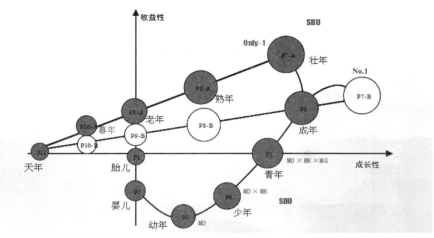

图 2-6　事业的生命周期

（1）P1 胎儿期：成长性 0，收益性 0。

事业孕育和筹划阶段，多是以 idea 形式存在，没有进入实施阶段，没有进行人财物的投入。

（2）P2 婴儿期：成长性 0，收益性 –A。

项目立项，并进行部分投入，但项目本身没有实质性进展，只有投入，看不到回报。

（3）P3 幼年期：成长性 A，收益性 –B。

企业继续进行人财物投入，研发、生产取得进步，成长性初见端倪。

（4）P4 少年期：成长性 C，收益性 –A。

事业继续快速成长，营销职能开始发挥作用，能收回部分投入，收益性开始显示。

（5）P5 青年期：成长性 D，收益性 0。

营销职能进一步发挥，事业快速成长，收益已经能够覆盖前期的投入，事业前景一片大好，同时具有充分扩张、扩大的条件，团队人数进一步增加，此时对项目管理提出新要求。

（6）P6 成年期：成长性 E，收益性 A，事业独立盈利，快速发展，成长性达到巅峰，收益性还有一定空间。

（7）P7–P11，如表 2–1 所示。

表 2–1　事业阶段在策略背景下的发展

事业阶段		No.1 策略背景下		Only–1 策略背景下
P7 壮年期	P7–A	成长性很好 收益性达到巅峰	P7–B	成长性达到巅峰 收益性良好（有所舍弃）
P8 熟年期	P8–A	成长性良好，但同比开始下滑 收益性良好，但同比开始下滑	P8–B	同 P8–A
P9 老年期	P9–A	基本没有成长性 还存在一定收益性	P9–B	同 P9–A
P10 暮年期	P10–A	成长性为负数 收益性持续下滑，但大于 0	P10–B	同 10–A
P11 天年	P11–A	成长性严重退步，继续恶化 收益性为 0，而且不可能反弹	P11–B	同 P11–A

【思考】关于事业阶段的理论对你有何启发意义？

二、No.1 与 Only–1 孰优孰劣

1. 两种策略的比较与选择

事业在培育过程中往往面临路线抉择，一个是 No.1 策略，一个是 Only–1 策略。No.1 即第一策略，是指追求业绩规模和市场份额；Only–1 即唯一策略，首先保持独特性和竞争力，其次才追求收益性指标。

采取 Only–1 策略，为了保持独特性和竞争力，加大技术与品质优化，

成长性进一步拓展，但收益性增长有所延缓。

一般来说采取 Only-1 策略比 No.1 策略经营更持久些，很多追求 Only-1 的企业到最后会成长为行业的 No.1，而 No.1 的企业则成为不了 only-1 企业！

2. P7-B 是 No.1 策略的开始

P7-B 是 No.1 策略的开始，即追求"量"的最大化。

采取 No.1 策略，企业会集中资源做业绩和市场份额，成长性会回落，但收益性达到巅峰。

No.1 策略不是追求成长性，而是追求业绩规模、市场份额，人员数量等方面的最大化，来者不拒，虽然利益额上升了，但是效益率下降了。

3. P7-A 是 Only-1 策略的开始

P7-A 是 Only-1 策略的开始，即追求"质"的不可代替性。

不是单追求"量"的扩大和占有率的提高，还追求毛利率、边界利益率、经营利益率，不追求人数，追求劳动生产效率，追求的是强。这样的企业会在一个特定的市场对顾客有清晰界定，把品质和特色做到极致。

【阅读链接】

Only-1 策略下的"特"与"强"

Only-1 不实现高品牌，就没办法生存。索尼、夏普就是 Only-1 的企业。索尼的电子电器事业部在 2000 年出现了大幅亏损，原因是它很难再开发出新的独具特色的商品，因此造成了危机。

Only-1 是不断地追求强的企业，必须做出自己的特色，不断创新的能力就是唯一性的价值。

【思考】结合你的企业所在行业的实际，谈谈 Only-1 策略与 No.1 策略哪个更高明。

三、事业管理的关键节点

（1）Only-1 策略与 No.1 策略，在 P1 阶段就有设计，最考验决策者的眼光和心态。

（2）P2 阶段，日子最为艰难，最考验决心和意志。

（3）P3 阶段，研发与生产是决胜的关键，具备工匠精神，更容易胜出。

（4）P4 阶段，营销要强、要快，否则日子仍然难过。

（5）P5 阶段，团队培养和人才数量是关键。

（6）P7、P8 阶段，是改革的最佳时期，改革成败的关键是对既得利益格局的打破与重置。

（7）P8 以后阶段，考虑事业的退出，尽早做出安排，不要让没落的事业（项目）拖累企业。

【思考】关于"事业管理的关键节点"的论述，对你有何启发？

四、区分 SBU 与 SDU

1. SBU 与 SDU 的含义

SBU：战略事业单元，也叫事业部，其标志是自身盈利，是事业生命周期中 P5 阶段之后的事业单位。

SDU：战略发展单元（P1~P5），企业未来的战略事业单元，是企业持久经营的保障。没有 SDU，则企业 = 事业。

2. 对 SBU 与 SDU 负责人的要求

企业对 SBU 与 SDU 负责人的要求，如表 2-2 所示。

表 2-2 对 SBU 与 SDU 负责人的要求

	思维模式要求	负责人要求	组织与团队要求
SDU	看点再看面，可以充满浪漫，天马行空	果断、敢于冒险，思考力强	行动快、单枪匹马，可以强调个人英雄主义，团队小而精，多兼职
SBU	先看面再看点，现实又务实	谨慎、保守，行动力强	快慢结合、张弛有度，一般不强调个人，团队至上

【思考】如何区分一个事业部是 SBU 还是 SDU？

五、SDU 转化为 SBU

1. 前提

Know-how 三大机能的建立。

（1）Know-how 没有确立之前事业绝对不要扩大。扩大得越快，崩溃的速度越快。

（2）我们评价一个事业是否处在 P5，不仅仅看它是不是实现盈亏平衡，关键看它的三大机能是否被建立起来。

2. 含义

事业经营 Know-how=**MK** Know-how + **MG** Know-how + **MD** Know-how
　　　　　　　　　（市场开发）　　　（经营管理）　　　（商品开发）

Know-how：即做某件事情所积累的知识、经验和智慧。know 是研发（方案阶段），how 是市场（生产力阶段），"-" 是有机联系，即贯通性。事业经营 Know-how 三大机能：

● MK：市场开发；

● MG：经营管理；

● MD：商品开发。

【思考】事业经营 Know-how 等式对你有何启发意义？

六、基业长青就是统筹 SBU 与 SDU

从企业战略的角度对整个企业内的事业（项目）进行管理，让每个项目就如同一个微公司那样运作，让项目目标配置资源，就能够实现内部成本降低，管理层次简单，经营决策快捷。在项目目标的引导下，考虑资源、工期、成本、质量和风险等约束条件，从而实现企业整体商业价值最大化。

●企业有了 SBU，当下的日子就好过；

●企业有了 SDU，未来的日子就有指望了；

● SDU 进化、SBU 发展、个别 SBU 退出，企业就可以实现基业长青；

●对现有的事业进行盘点，设计 SDU，规划 SBU，企业的战略就很清晰！

【思考】你是怎样理解"基业长青就是统筹 SBU 与 SDU"这句话的？

【操作】企业事业单元盘点。

【成果】企业 SBU 与 SDU 盘点，见表 2-3 和表 2-4。

表 2-3　目前阶段（时间：　　年　月一　　年　月）

	名称	业务定位	所处阶段
SBU			
SDU			

表2-4　未来阶段（时间：　　年　　月—　　年　　月）

	名称	业务定位	所处阶段
SBU			
SDU			

七、企业SBU梳理报告

1.业态特性

业态特性就是将商品力提供给顾客，满足顾客需求的"方法 × 手段 × 途径"构成的交易结构和"交易对象 × 内容 × 角色 × 功能"的体系，也叫业务构造形态。

$$SBU = 顾客 × 业态 × 商品力$$

2.业态要素与事业盘点

【成果】事业态体系分析报告，见表2-5。

表2-5　事业态体系分析报告

事业 ＼ 业态要素	顾客信息把握	商品开发	设计	采购	生产	库存	物流	销售	卖场	售后服务	货款回收
SBU-1											
SBU-2											
SBU-3											
SDU-1											
SDU-2											

说明：〇表示自己做；×表示自己不做。

【阅读链接】

做品牌，要么做第一，要么做唯一

"第一"是时间熬出来的，而"唯一"则可以通过智慧短时间创造。

由于个人的经历，越来越多的企业找到我，让我助力他们成为行业的冠军。做企业谁都想做老大，谁都想争第一。殊不知，这第一的背后是常年累月的积淀，是时间的凝结。每个做品牌的老板都抱有一个做第一的远大理想，说野心勃勃也好，说不切实际也罢，既然做了就做到最好也是企业家该有的创业精神，无可厚非。但变幻莫测的市场与风起云涌的竞争永远在考验着老板的智慧。第一太难做，即使你想体验老大的幸福与责任，市场也未必会给你机会。

而相反，近两年来，许多"唯一"的品牌通过互联网传播崭露头角，给各个行业提供了新的启示。无论是一生只能送一人的 roseonly，还是一生仅能定制一枚的 darry ring，品牌通过抓住消费者消费时机的情感需求，都成功跳出了行业的同质竞争，吸引了一批忠诚的消费者，成为他们心目中的"唯一"。看来，品牌不仅仅对于消费者要创造唯一的情感需求，同样也需要在众多竞争者中创造"唯一"的个性标签，以此来跳出同质竞争。相比做老大的忧心忡忡，看来做唯一也不失为一种智慧的选择。

而唯一看似容易，其实是激烈竞争下品牌与营销智慧的凝练。无论是创造新品类，还是开辟新市场，抑或是创造新概念，都是品牌打造"唯一"的有效途径。但在激烈的品牌营销战中，人人都在努力寻找着新的市场缝隙，创造新品类与开辟新市场已经越来越难。越来越多的企业抱怨行业竞争激烈、产品同质严重，哪个行业做久了似乎都无法突破。当技术与产品都无法再做创新性革命的时候，那么品牌概念的创新便是让品牌鹤立鸡群的法宝。众多品牌的兴衰向我们证明，产品永远无法做到绝对领先，就连曾经代表一个时代的诺基亚也有被市场淹没的时候。但概念一旦提出来便变成了唯一的标签，产品可以跟随，概念的跟随便无再多意义。消费者记住的永远是第一和唯一。于是，做到最后，许多企业发现，品牌就是做概念，品牌就是讲故事，就是看谁的故事讲得更吸引消费者。那么，在未来，能把故事讲得更动听就成了品牌竞争的利器，值得企业细细琢磨。

做品牌，要么做第一，要么做唯一。第一是时间熬出来的，而唯一则是可以通过智慧短时间创造的。我经常讲的一句话便是：大企业玩整合，小企业玩突破。特别是成长型的中小企业，当你的历史没别人悠久、产品没别人优秀、耐力又没别人更持久的时候，那么找到属于你自己的"唯一"便是冲出重围的可靠途径。

品牌建设是个艰苦的过程，非一日之功。要么在众多同质的品牌中细水长流，耐着性子把与别人同质的东西重复地做到最好，那么你便是第一；要么走条捷径，甩开包袱来个概念创新，把同样的东西编个故事，换个花样来卖，那么你便是唯一。第一和唯一，不仅仅是企业的战略选择与实力的比拼，更是企业创新能力的展示，看似两极分化，实则殊途同归。二者考验的都是企业对自己的认识和对市场的把握。希望每个抱有品牌梦想的企业都能仔细审视自己与市场，在各自的领域中打造出属于自己的"第一"和"唯一"。（本文刊载于《销售与市场》杂志管理版 2014 年 07 期，有改动）

第三节　从事业部进化为阿米巴

一、事业部制概述

1. 起源

事业部制，最早起源于 20 世纪 20 年代初的美国通用汽车公司。当时通用汽车发展壮大，实现了对许多小公司的并购，同时，公司也出现了企业规模急剧扩大、产品种类及经营项目增多、内部管理难以理顺等一系列问题。时任公司常务副总经理的艾尔弗雷德·P·斯隆，为解决公司出现的问题，学习和借鉴了杜邦化学公司的管理模式。在结合自身企业的特点之后，其最终在 1924 年以事业部制的形式完成了对企业内部原有组织的改组。通用汽车公司的整顿和发展很快获得了极大的成功，也成为事业部制实行的典型，因而事业部制又被称为"斯隆模型"。

2. 含义和要素

事业部制，即把企业所经营的事业按产品、地区、顾客（市场）等来划分部门，并设立若干事业部。在企业的宏观领导下，事业部拥有独立的自主经营权，实行独立经营和独立核算，但事业部并非事业单位。事业部不仅是受公司控制的利润中心，具有利润生产、经营管理的职能，而且是产品或市场责任单位，负有对产品进行设计、生产制造和销售的统一领导职能。

事业部必须具有三个基本要素：

●相对独立的市场；

●相对独立的利益；

●相对独立的自主权。

事业部制以某个产品、地区或顾客为根据，把企业划分为一个个相对独立的事业经营分支。各事业部在经营管理上有较强的自主性，基于企业的整体领导，其不仅有各自独立管辖的项目产品或地区市场，而且实行独立核算。事业部有很大的决策权，因此，企业高层可以在很大程度上摆脱日常杂务的困扰，集中精力探索企业经营的大方向和下达正确的命令。

3.产品事业部制（产品部门化）

产品部门化，即企业按照产品或产品系列组织业务活动。在经营多种产品的大型企业中，这种方式早已显得日益重要。产品部门化主要是以企业所生产的产品为基础，将生产某一产品有关的活动，完全置于同一产品部门内，再在产品部门内细分职能部门，由各个部门接手工作。这种结构形态下，部门设计中往往将一些共用的职能集中，由上级委派以辅导各产品部门，做到资源共享。

产品事业部的优点如下：

（1）接近市场资源的特点更有利于采用专业化设备，能够最大限度发挥每个人的技术专长和专业化知识。

（2）部门经理承担产品部利润责任，这有利于总经理评价各部门的业绩。

（3）在同一产品部门内有关的职能活动协调比较容易，效率较高，有利于促进产品的优化，比完全采用职能部门管理制度来得更有弹性。

（4）容易适应企业的扩展与满足业务多元化要求。

产品事业部的缺点如下：

（1）产品部门化需要更多具有全面管理才能的人才，单方面人才需求比较大。

（2）每一个产品分部都有一定的独立权力，以至于高层管理人员有时会难以控制。

（3）总部各职能部门的一些服务不能够获得充分的利用，如人事、财务等。

4.区域事业部制（区域部门化）

对于规模比较大、在地理上分散的企业来说，把部门按照地区划分更容易管理。区域部门化的原则是把某个地区或区域内的业务工作集中起来，委派一位经理来主管其事。按地区划分部门，尤其适用于跨国公司。这种组织结构形态，部门设计上往往设有中央服务部门，如采购、人事、财务、广告等，向各区域提供专业性的服务。

区域事业部制的优点如下：

（1）责任到区域。每一个区域既是一个利润中心，又有自主经营权。每一个区域部门的主管负责该地区的业务盈亏。

（2）放权到区域。这样更有利于区域人员针对独特的市场需求与问题给出合理的解决方案，总部放手让区域人员管理会比较妥善、实际。

（3）有利于地区内部协调。

（4）对区域内顾客比较了解，有利于沟通与服务。

（5）每一个区域主管都要担负一切管理活动的职能，这对培养通才型管理人员大有好处。

区域事业部制的缺点如下：

（1）随着地区的增加，需要更多具有全面管理能力的人员，然而这类人才不易得到。

（2）每一个区域都是一个相对独立的单位，加上时间、空间的限制，往往会出现"天高皇帝远"的现象，总部难以控制。

（3）总部与各区域天各一方，难以维持集中的经济服务工作。

【思考】你的公司是否实行事业部制？成立事业部的条件是什么？

二、事业型组织是阿米巴的基础

阿米巴经营困难的原因是什么？大部分是组织划分前没有正确设计组织结构，所以考虑在划分更小级别的阿米巴组织前，先要明确企业到底有几个事业部，并根据事业部划分为成熟的事业部与正在培育的新事业部。按事业部划分好组织后，再按采购、生产、营销等功能将事业部的部门组织进行细化。这就是阿米巴组织划分的基本顺序。

分权管理的优势在于可以在基层之中对有能力的人才进行培养。对员工委以经营权可以让员工得到充分的尊重，他会产生"自己也是经营者一员"的自主意识并且愿意为公司做出贡献，即使这权利很小也乐于主动承担责任，努力提高经营业绩。经过这种观念的熏陶，企业员工的立场自然而然地实现了从"劳动者"到"经营者"的转变，于是开始站在企业经营者的角度思考问题和开展工作。

事业部制是阿米巴经营的初级阶段的运行机制，代表着实际分权的开始。分权不仅是一门科学，更是一门艺术。分权开展在合理的组织架构的基础之上，若缺乏像诸如事业部制这样的组织，赋权就会难以进行。事实上，分权一直都是中国企业家最棘手的问题之一。有不少中国企业家迷恋权力，不懂得分权的重要性，再加上组织的落后，导致中国企业普遍缺乏经营的稳定性。尤其是在权力过渡的时候，企业最容易出现动荡，往往因经营人才的青黄不接而影响企业的成长。

事业部制经营中，企业对于分权只能达到"SBU 量化分权"（SBU 即战略性事业单元），除了事业部长层面以外，事业部内部对经营哲学的贯彻尚未深入，对经营会计工具的使用也处于初级阶段。而这一阶段，松下幸之助早在 20 世纪中前期就已达到。正是通过这种赋权方式，松下幸之助培养了一大批人才来分担他的工作，让他有时间和精力去处理更为重要的事务。

【思考】事业部制的优点和缺点有哪些?

三、从事业部制进化到阿米巴

（1）阿米巴经营的开始是事业部制经营，当它运行到一定程度，就需要实现更加精细的分权。

（2）人人参与经营的目标在事业部制中还没有实现，企业中的高层员工正走在从"为老板干"到"为自己干"的途中，而基层员工还处在"为老板干"的阶段。

从事业型组织进化到阿米巴组织，可从图 2-7 获得清晰的认知。

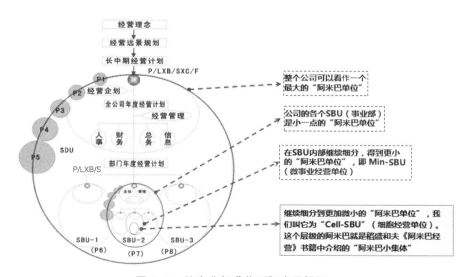

图 2-7　从事业部进化到阿米巴组织

【思考】为什么说事业型组织是阿米巴组织的初始阶段？

【阅读链接】

组织变革——永远的进行时

进入 21 世纪以来，许多行业巨头开始走向衰落，并逐渐淡出人们的视线。例如，当初那么繁荣的诺基亚与摩托罗拉，在新时代还是走向了衰落。"互联网＋"时代已然来临，许多传统企业已嗅到时代危机，它们最危险的时刻已经到了。

具体来说，传统企业面临的危机主要表现在以下三点：一是时代在不断改变，很多传统企业却沉溺于曾经的成功，而不去适应时代需求；二是很多传统企业对市场内外变化的反应不够灵活；三是很多传统企业内部气氛消极，创新不足。

在危机面前，有的企业不思进取，最终只能是消失于时代的长河之中；有的企业则果断转型，不约而同地走上了经营模式变革之路。

案例一：华为公司的变革

经过组织变革，华为公司形成了"权力新主角，一线铁三角"的经营形式，在组织结构、运作机制和流程上发生了彻底转变，在总部控制重要的交互节点的同时，摆脱了大企业效率低下、机构臃肿的难题，在经营上做到了快速灵活。

随着全球金融危机和欧债危机的爆发，企业发展的寒冬期到了。在这种形势下，华为公司却逆势而为，依旧保持着稳定的增长态势，而且全面超越了其当时最大的竞争对手爱立信公司，一跃成为全球通信业的老大。华为公司傲人成绩的背后是组织变革的成功，是在终端市场的突破，是合理分配权力和运营效率的提升。

案例二：阿里巴巴集团的变革

未来的商业环境将更加复杂，互联网将带来更多的机会和挑战，在这种背景下，为了让各个组织更加灵活地进行协同与创新，阿里巴巴集团大刀阔斧地调整了现有的业务架构和组织。总体来说，阿里巴巴集团通过这次变革成立了 25 个事业部，各个事业部总裁（总经理）负责各事业部的具体业务。

在《变革未来》的文章中，马云对这次变革做出了解释。他说，这次组织变革把阿里巴巴集团拆成了"更多"小事业部，以"给更多的阿里年轻领导者创新发展的机会，我们不仅仅需要看见相关业务的发展和他们团队、个人的成长，我们更希望看到他们各自的小事业部可以把我们的商业生态系统变得更加透明、开放、协同、分享，更加美好"。各个事业部将阿里巴巴集团内部同类型业务的整合和拓展的任务承担起来，打通了子公司与事业部之间的界限，使阿里巴巴集团的商业生态系统更加完善。

案例三：海尔集团的变革

在家电圈中，海尔集团是变革的坚决拥护者。随着"互联网＋"时代的到来，海尔集团更是不断加快转型的步伐，并提出了全新的网络化发展战略。在海尔集团董事局主席张瑞敏看来，互联网让企业与用户实现了零距离接触，企业可以获取到用户个性化的需求，在这个时代，员工为了找到订单必须面向市场，"员工不是听领导的，而是听市场的。"

海尔集团"企业平台化、用户个性化、员工创客化"的战略就是在这一背景下提出的，以加快向互联网转型的脚步。

一般来说，经营者更关注产品创新和盈利模式创新，对经营模式创新、组织模式创新却不大关注。但是，在互联网时代，后者往往有着更大的价值，实施难度也更大，更需要经营者的关注。

外界普遍很关注海尔集团，尤其是在经营模式变革方面。经营模式是海尔集团变革的重心，在这方面，海尔集团打破了以往的"科层制"机构，创造性地提出了"人单合一"模式，并由此孵化出一个个"自主经营体"，即小微企业。在张瑞敏的主导下，海尔集团的变革始终贯穿着一个基本逻辑，即经营模式是企业的灵魂。这是因为，模式的变革必然会引发各生产要素的变革，作为生产要素的一部分，组织结构是经营模式的必然结果。

纵观以上三个案例，我们不得不问，为何华为、阿里巴巴、海尔等大型企业会走上变革之路呢？这是因为，互联网催动着它们必须在经营模式上予以转型或变革。它们需要借助互联网技术和工具，打造新的经营模式，以获得更加长远的发展。

"互联网＋"时代已然来临，新兴企业给了传统企业巨大的压力，它们充满危机感，这是因为，它们的管理模式与组织架构已经不再适应时代发展的需要。为此，它们不得不寻求转型与变革。

与互联网进行融合，对传统企业来说这意味着转换经营思路和创新经营模式。在融合过程中，归根结底传统企业还是要"苦练内功"，即一定要改变经营思路，看清自身的核心竞争力，充分发挥出自身的核心优势。通过转型与变革去适应时代要求，从而获得成功，这是这些大型企业纷纷走上变革之路的根本原因。

第三章
阿米巴组织架构设计

　　传统企业的组织架构图一般都是自上而下的矩阵图，是金字塔式的等级制结构。在传统职能式的企业管理模式下，企业一旦确定层级式的组织管理结构，人与人之间、人与角色之间的关系都是确定的，上级向下级发布指令，下级向上级汇报工作。每个职能部门都有确定的岗位，这种关系长时间保持不变，结果组织结构模型稳定且僵化。这种结构中高层领导们由于陷入了日常生产经营活动，行政机构规模越来越庞大，各个部门横向联系薄弱，各部门之间的协调越来越难，各个职能部门的成员只注重部门目标而不是企业的整体目标，公司效率受到极大影响，很容易止步不前。

　　阿米巴的组织架构图是自下往上的蜂巢图，由许多个"阿米巴"构成企业的组织基础。阿米巴组织架构正是由于传统企业架构无法适应市场变化的要求而出现。它需要员工打破原有的部门界限，绕过原来的中间管理层次，直接面对顾客，向公司总体目标负责，以群体协作的优势赢得市场地位，从而达到使阿米巴组织变得灵活敏捷、富有柔性和创造性的目的。

在中国，很多中小型企业都非常适宜引用阿米巴经营模式，因为它们与阿米巴有着很大的相似性。不同于通常的行政组织架构，阿米巴组织的规模一般比较小，灵活多变，不用担心受到朝令夕改的损害。

第一节　阿米巴组织设计概述

一、传统职能型组织结构固有的内在缺陷

目前我国多数企业采用直线－职能型组织结构。企业按照相同的工作职能，从上至下将各种活动组织起来。例如，企业根据其生产的主要业务活动——研发、生产、销售，分别设置研发部门、生产部门和销售部门。这种组织结构中，最高决策层逐级控制人数递增的下层，形成权力分明的稳定金字塔结构。这种组织模式管理权力高度集中，职责规范明确，便于最高领导层对整个企业实施严格控制，客观上导致改革开放之后，职能型结构组织发展成我国各类型企业最普遍采用的组织结构模式。

职能型组织结构，具有三个非常明显的缺点：

1. 部门本位主义，沟通协作困难

高度专业化分工以及稳定性使得各部门之间的横向协调较差；各职能部门趋向于强调本部门的重要性和利益，容易产生本位主义思想，造成企业内部摩擦和损耗。业务链的衔接过程中容易出现资源调度和日程安排冲

突，并且可能会导致部门间矛盾激化。在很多组织中一个很明显的表现为"会议怪圈"，似乎越来越多的协调会议难以避免。

2. 员工人浮于事，工作效率降低

组织内耗加剧和部门间的协调困难可能进一步导致大量协调人员的出现。行政人员、助理人员和秘书增多的同时，各部门倾向于超额配置需要的人员来应对各种会议及进行多方协调。空谈增加，行动减缓，时间浪费，成本飙升。组织成员开始务虚，更为关心身份、职位、头衔，而不是关心工作绩效。

3. 管理层级增加，官僚体系膨胀

企业决策在执行层面被狭隘的部门利益所曲解，或受阻于部门之间的隔阂而难以贯彻，部门之间的协调任务就需要高层领导来完成，导致高层领导负担过重，企业成长过程中就更加难以抵御创建多余管理层级的诱惑。更为严重的是，增加多余管理层级相对容易，清除多余的管理层级却非常困难。企业的官僚体系开始不断恶性膨胀，官僚体系内部的惰性和摩擦使得沟通信息走样，沟通渠道也更为复杂。

大量实践经验表明，职能化组织结构仅仅是一种对于只生产一种或少数几种产品并且按照一种周而复始不断重复的模式进行生产活动的组织普遍有效的结构模式。在互联网时代，很多企业原有的组织结构已无法支撑企业经营决策的快速实现，无法适应企业快速响应客户的要求，也无法保持公司的竞争优势。

【思考】你的公司是否存在"大公司病"？具体表现有哪些？

二、围绕企业战略思考组织变革

如何设置正确的组织结构呢？企业的经营组织设计必须贯彻企业的经营战略，并能够将战略转化成战术、战斗。因此，企业的经营组织设计需要遵循宏观和微观两大原则，即宏观上首先要明确SDU\SBU\总公司三大核心机能，微观上要遵循专业性、统一性的原则。要从客户的角度来考虑，如何更好地服务到客户；还得从内部管理的有效性出发来思考问题，同时也涉及人心的考虑。只要企业把握住了要点，就一定能够设计出当前适合自己的组织结构，在新的经营环境下，企业也能够做到灵活应对。企业设置正确的组织结构的前提，如图3-1所示；以韩都衣舍为例，其职能型结构向赋能型结构的转变，如图3-2所示。

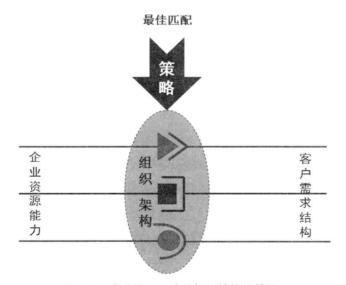

图3-1　企业设置正确的组织结构的前提

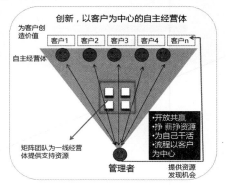

图 3-2　韩都衣舍职能型结构向赋能型结构的转变

【思考】互联网背景下，你公司的客户需求结构会发生什么样的变化？组织结构是否与之适应？

【阅读链接】

G20 后时代中国即将发生的 46 个重大变化（部分）

中国产业的结构：一维的传统产业、二维的互联网产业、三维的智能科技产业。一维世界正在推倒重建（实体经济的重组），二维世界被划分完毕（BAT 掌控），三维世界正在形成，高维挑战低维总有优势，降维打击几乎是必胜的！所以网店可以冲散实体店，而微信的对手一定在智能领域诞生。真正的好戏还在后头！

革完传统企业的命之后，互联网开始自我革命。新浪、雅虎、搜狐、网易是第一批沦为传统企业的互联网公司，阿里巴巴、淘宝、百度、京东是第二批沦为传统企业的互联网公司，腾讯将是第三批沦为传统企业的互联网公司。

中国当下的企业可以分为三个等级：三等企业做服务，二等企业做产品，一等企业做平台。企业的出路唯有升级成平台化，平台化的本质就是给创造者提供创造价值的机会，把自己变成一个价值创造的平台，未来所有的公司、企业、组织都将平台化。

原来的企业是横向发展，越做越大，涉及面越来越宽，因此企业越做越容易展开"同质化竞争"。今后的企业是纵向发展，越做越精，挖掘度越来越深。这种变化使行业将越来越垂直、协作越来越完善。于是中国市场越来越细分，结构越来越周密，企业与企业之间、行业与行业之间的独立性越来越强，"差异化共存"成为商业主流。

原来一流的企业做"标准"，这是大工业时代的逻辑，所有的产品都是整齐划一的，标准的制定者坐享其成。今后一流的企业做"服务"，是那种能够满足各种消费者、各种需求的服务，往往是定制性的。它对企业的两方面要求比较高：第一就是提供定制化的能力（科技），第二就是对接消费者的能力（互联网）。"雇佣"时代已经过去了，"合伙"的时代已经开启了。无论你愿意出多少钱，你都很难雇佣到一个优秀的人才，除非你跟他合伙，共同实现价值。大胆、大度地把股份转让出去吧，海纳百川，有容乃大。

中国电子商务进化论：B2B → B2C → C2C → C2B → C2F，从商家对商家，到商家对个人、个人对个人，个人对商家，最终是个人对工厂。未来每一件产品，在生产之前就知道它的顾客是谁，个性化时代到来，乃至实现跨国公司的生产和定制。

中国互联网的进化论：传统互联网→移动互联网→万物互联，传统互联网（PC 端互联网）解决了信息对称；移动互联网解决了效率对接；未来的物联网需要解决万物互联：实现数据自由共享、价值按需分配。各尽其才、各取所需，给每一个人一个创造价值的平台。

中国媒体进化论：传统媒体→新媒体→自媒体→信息流。媒体正在由集中走向发散，由统一走向制衡。自媒体的兴起将和传统媒体形成有益的补充。同时，自媒体又使中国的话语权开始裂变。普通民众迫切要求参与公共事务的决策权。而未来人人都是一个自媒体，信息流的产生将会让媒体消亡。

中国营销业态的进化论：媒介为王→技术为王→内容为王→产品为王。传统广告总是依靠媒介的力量造成影响，比如央视的招投标。后来的互联网广告开始依靠技术实现精准投放，比如按区域、按收入、按时段投放。再后来，社交媒体的崛起使好的广告能自发传播，而未来最好的广告一定是产品本身，最好的产品也一定具备广告效应。

中国的产业链流向正在逆袭。以前是先生产再消费：生产者→经销商→消费者，未来一定是先消费再生产：消费者→设计者→生产者。因此，未来能够根据消费者想法而转化成产品的设计师将大量出现，传统的经销商将会被淘汰。

未来所有的"经销商"都将变成"服务商"，"他们不再依靠帮厂家售卖产品（赚差价）挣钱，而是依靠自己向消费者提供后续的增值服务赚钱，这有利于发挥他们的创造性和主动性，也有利于产品的售后。

（摘录自搜狐财经网的《G20后时代中国即将发生的
46个重大变化》，有改动）

三、套娃式的阿米巴组织架构图

1. 套娃结构反映阿米巴经营的逻辑

套娃式的阿米巴组织结构，参见第二章图2-7。

首先，我们从图中可以看到新事业创造及经营的实践演进，如：机能量化分权、SBU 的多样性开发、事业量化分权、新事业开发等。

其次，我们也看到战略在阿米巴组织中可以分为三个基本层次：战略政策 / 整体体制、战术政策 / 部分体制、战斗政策 / 团队体制。

最后，我们也有一些问题需要掌握，如：如何设计最优的组织结构？如何构建企业的计划体系以及依托体系？如何进行量化的分权？如何开展量化的组织业绩管理与评价活动？

从组织划分开始，我们先把整个公司看作一个大的阿米巴，把 SBU（战略事业部）看作小一点的阿米巴，阿米巴是独立核算的经济单位，SBU 继续划分为小的阿米巴、微事业经营单位；再继续划分就是 Cell-SBU，就是稻盛和夫讲的阿米巴小集体。

2. 套娃结构实质上是 SBU 量化分权

实质上，阿米巴模式是事业部制在企业中的进一步深化实施，是更加精细化的 Min-SBU 量化分权。SBU 即战略业务单位，只有当公司的每个人都能成为老板、经营者，每个人都能够拥有企业家创新的精神，公司的战略才能落实到每个员工身上。与此同时，每个员工的战略创新又会保证公司战略的实现，使公司获得持续发展，实现价值。与目标管理中，下级对上级负责不同的是：SBU 所倡导的是人人对市场负责。员工可以成为创新的主体，通过为用户创造价值的过程体现自己的价值，就是经营自我。

推行阿米巴经营时，不要试图一下子就做到经营状态中的小阿米巴，应该遵循基本的规律，由上到下，由大到小，分层逐步推进，切不可妄想一蹴而就。总的来说，中国企业要以"SBU 量化分权"为基础，再实现"Min-SBU 量化分权"，最后到达"Cell-SBU 量化分权"的最高境界。

3. 阿米巴经营体制的好处

（1）总公司领导可以摆脱日常烦琐事务，集中精力考虑全局问题。

（2）阿米巴单元实行独立核算，能发挥经营管理的积极性，能够实现组织专业化生产和实现企业的内部协作。

（3）各阿米巴之间有比较、有竞争，这种公平的比较和竞争有利于企业的发展。

（4）阿米巴组织内部的供、产、销部门之间容易协调，不像在直线职能制下需要高层管理部门过问。

（5）阿米巴经理要从阿米巴整体来考虑问题，这样更有助于培养和训练管理人才。

【思考】套娃式的阿米巴组织架构与你之前接触的组织架构有何不同？

第二节　典型行业的阿米巴组织划分

一、制造业的组织架构示例

1.过去的职能型组织结构

（1）企业背景。

某港资企业成立于1990年，是全球最大的变压器制造商之一，该公司的产品主要是面对欧美市场，利润可观。随着行业的高速发展，公司也获得了飞速的成长。由于行业竞争日益加剧、企业规模快速扩张等原因，公司在市场拓展、业务运营发展方面越来越感到困难。组织结构难以达到企业战略目标的要求。

（2）现状分析。

公司采用总经理在上的传统式组织结构，各个部门分管一部分工作，对本部门的经理负责，所有的部门经理对总经理负责。因此，所有部门的箭头都层层递进，最终指向总经理，表示对上级、对总经理的服从。在这种结构下，客户被置之底层。通常只有总经理关注客户满意度，企业内其他的员工只关心经理是否对自己满意。

通过深入调查，我们发现该公司在组织架构上存在如下问题，如图3-3所示。

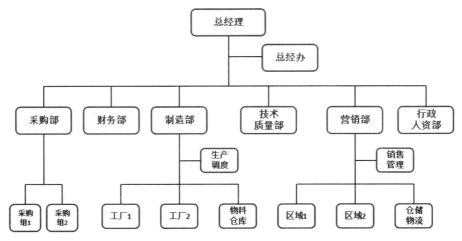

图3-3 制造业的职能型组织结构

职能型组织结构没有充分适应企业的发展战略目标，部门之间协作性差，效率低，工作需要向上级领导请示才能处理，领导压力比较大。

●公司在组织结构上过度横向化，公司规模扩大，总经理还是直接管理采购部、财务部、制造部、技术质量部、营销部、人力资源部等各部门的部长，管理跨度过大，业务权限抓得过死，总经理想放权却又缺乏有效的管理方式。

●公司组织结构没有以业务流程为主导，仍旧以职能为主导，因此，随着公司业务的发展和公司规模的扩张，该组织结构需要变革。

2.现在的阿米巴组织结构

阿米巴组织结构能很好地解决这一难题。根据公司运行体系要求，建立和完善阿米巴组织结构，实现公司经营班子的重新确定。合理组合划分公司各部门，形成采购部 SBU、制造部 SBU、营销部 SBU 等利润中心，并明确各自的职责，如图 3-4 所示。

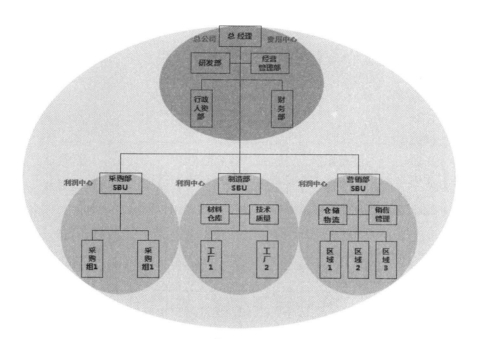

图 3-4　制造业的阿米巴组织结构

【思考】制造业如何设计阿米巴组织结构？

二、零售业的组织架构示例

1. 过去的职能型组织结构

现实中，企业运用得最为广泛的一个组织形态是零售业的职能型组织结构。该组织结构以直线为基础，将直线制结构和职能制结构相结合，在总经理职位之下设置相应的职能部门，如信息部、财务部、营销部、人事部、商品部、品牌部等，分别从事专业管理。总经理的参谋则实行主管统一指挥、职能部门参谋、指挥相结合的组织结构形式。但是，职能部门参谋只负责拟订计划、方案以及负责业务指导，真正下发实权在各级部门领导人手里。因此，这是一种实行高度集权的结构组织，如图3-5所示。

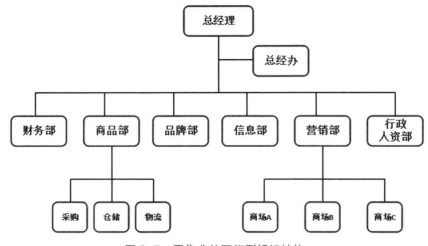

图 3-5　零售业的职能型组织结构

（1）优点。

第一，把直线制组织结构和职能制组织结构的优点结合起来，既能保持严格的统一指挥，又能使各级行政负责人有相应的参谋机构作为助手，以充分发挥参谋人员专业管理的作用。

第二，组织分工精细，责任明确，各部门只要求完成自己的工作，因此效率比较高。

第三，高度的集权使组织稳定性较高，在外部环境变化不大的情况下，能够发挥组织的集团效率。

（2）缺点。

第一，权利高度集中于高层，部门间缺乏信息沟通，不利于集思广益地做出决策。

第二，直线部门与职能部门（参谋部门）之间目标不易统一，因此，各职能部门之间横向联系较差，信息传递路线较长，问题解决慢，矛盾较多，上层主管协作压力大，工作量多。

第三，难以从组织内部培养熟悉企业全面状况的管理型人才。

第四，系统刚性大，适应性差，不易发生改变，对新情况通常难以及时做出反应。

2. 现在的阿米巴组织结构

零售业的阿米巴组织结构，将相关的研究开发、采购、销售等部门结合成两个相对独立单位的组织结构形式，如商品中心 SBU 和营销中心 SBU。

零售业的阿米巴组织结构是一种分权式管理结构，具体表现为，在总公司领导下设立多个事业部，各个事业部有各自独立的产品或市场，实行独立核算，在经营管理上有较强的自主性。

商品中心 SBU 和营销中心 SBU 是一种实行独立经营、独立核算的部门。商品中心 SBU 和营销中心 SBU 在企业宏观领导的前提下，拥有完全的经营自主权，既是受总公司控制的利润中心，同时也是产品责任单位或市场责任单位，对产品设计、生产制造及销售活动有统一领导的职能。零售业的阿米巴组织结构，如图 3-6 所示。

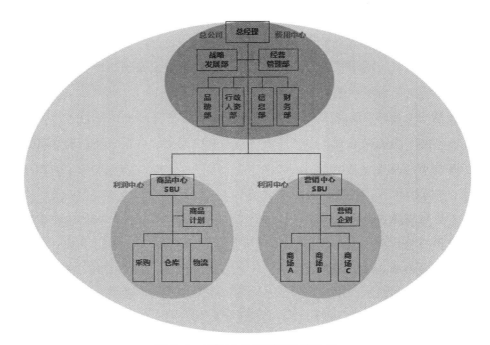

图 3-6 零售业的阿米巴组织结构

【思考】零售业如何设计阿米巴组织结构？

三、服务业的组织架构（软件企业）

1. 过去的传统职能型组织结构

（1）背景。

某软件企业的职能型组织结构，强调市场营销的各种职能，比如销售、广告和研究等的重要性。在这种组织结构中，项目管理和研究职能处于次要地位，销售职能是市场营销的重点。当企业产品的市场营销方式大致相同，且企业只有一种或很少几种产品时，按市场营销职能来设置企业的组织结构比较有效。然而，随着企业的发展，市场会扩大，产品的品种也会增多，此时这种组织形式就会暴露出各种不平衡和难以协调的问题。由于没有对整个市场营销活动负全部责任的部门，为争取到更多的预算和更大的决策权力，各部门便只强调自己的重要性，结果导致总经理也无法协调解决这一问题。服务业的职能型组织结构，如图3-7所示。

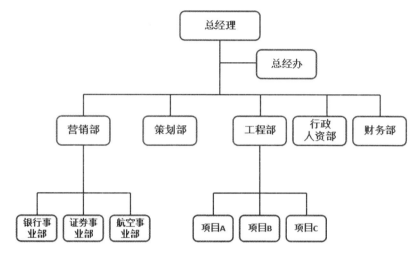

图3-7　服务业的职能型组织结构

（2）特点。

第一，由于各级管理机构和人员进行了高度的专业化分工，并且各自履行一定的管理职能。因此，每一个职能部门所开展的业务活动都是在为整个组织进行服务。

第二，职能型组织结构管理系统划分为直线指挥机构和人员与参谋机构和人员两种，直线指挥机构和人员，对其直属下级有发号施令的权力；参谋机构和人员，他们主要是为同级直线指挥人员出谋划策，对下级单位不能发号施令，而是起业务上的指导、监督和服务的作用。

第三，企业管理权力高度集中。最高层领导纵观企业全局，各个职能部门和工作人员负责某一个方面的职能工作。因此，最高领导层（主要是经理）掌握企业生产经营的决策权。

（3）缺点。

第一，没有直接对项目负责的强有力的权力中心或个人。

我们从图3-7所示的组织结构图来看，一个项目确立后，工程部受总经理的委派来做项目计划，然后工作被分配到各个职能部门。在项目执行过程中，协调员做一些双方协调性的工作。在这种情况下，显然总经理不会对具体项目负责，实际上也没有人对项目负责。

第二，不以目标为导向。

各职能部门（如营销部、策划部、工程部）都十分重视本部门的专业技术（业务），但是其对完成项目所必需的项目导向的重视不足。职能部门经理不倾向于选择对整个项目最有利的决策，而是常常倾向于选择对自己部门最有利的决策。因此，其所做计划常常很少考虑正在进行的项目，只是出于职能导向。

第三，没有总体的客户问题处理中心。

由于客户问题处理中心不存在，所以，所有的沟通都必须经过上一管理层。实质上，上一管理层充当了客户问题处理中心，并通过垂直指挥链，将复杂问题分配到各个职能部门的管理者。由于问题的解决方案需要得到各有关部门的一致同意，所以对问题的解决反应迟钝。加上信息必须经过多个管理层的传递，容易导致信息失真问题的出现。

第四，协调工作十分困难。

组织协调对于跨部门协作项目来说是非常重要的。如果项目的技术比较复杂，这种协调沟通就会变得十分困难。职能型组织中，协调工作者的作用有限。做协调工作的人，其身份通常是项目联络员或项目协调员。项目联络员是项目成员之间的沟通联络员；项目协调员有一定的决策权，但也仅限于可以定期组织项目调度会议之类的工作。

2. 现在的阿米巴组织结构

服务业的阿米巴组织结构是一种分级管理、分级核算、自负盈亏的形式，即划分为营销中心 SBU 和营业中心 SBU 两大利润中心，然后按客户或项目类别分成若干个阿米巴，实行单独核算，独立经营。公司总部通过利润等指标对阿米巴进行控制掌握，只保留战略发展决策、人事决策、预算控制和监督等重要的决策机关。服务业的阿米巴组织结构，如图 3-9 所示。

服务业的阿米巴组织结构的主要特点是：

（1）专业化管理部门。

按企业的产出将业务活动组合起来，成立专业化的业务单元，即阿米巴。如项目品种较多，且这些项目都能在各自的市场形成大企业，那么企业就可以按项目设置若干阿米巴。在销售地区广、工厂分散的情况下，企业可按地区划分阿米巴；如果顾客类型和市场不同，也可按顾客类型（市场）成立阿米巴。这样有计划地分下来，每个阿米巴都有自己的产品或服务的生产经营过程，每个人都能为企业贡献出一份利润。

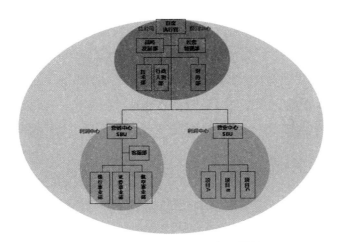

图 3-8　服务业的阿米巴组织结构

（2）政策与经营不同。

在纵向关系上，处理企业高层领导与阿米巴之间的关系要遵循"集中决策、分散经营"的原则。实行阿米巴经营模式，企业最高领导层就可以摆脱日常的行政事务，最大限度地把管理权限下放到各阿米巴，集中力量研究和制定企业发展的经营战略和经营方针。这样一来，在经营上最高领导层减少了压力，同时又能使整个企业依据企业的经营目标、政策和制度，完全自主经营，充分发挥各自的积极性和主动性，为公司创造价值，带来无限可能。

（3）利润独立核算。

在横向关系上，各阿米巴单元均为利润中心，实行独立核算。即实行阿米巴经营，意味着把市场机制引入到企业内部。各阿米巴之间的经济往来遵循等价交换原则，结成商品货币关系。

【思考】服务业如何设计阿米巴组织结构？

第三节　阿米巴组织设计的前提和原则

一、组织设计即企业变革设计

阿米巴组织结构设计，是通过对组织资源的整合和优化，从而确立阿米巴经营管控模式，实现组织资源价值最大化和组织绩效最大化，即，在人员有限的状况下通过组织结构设计提高组织的执行力和战斗力。

阿米巴组织结构设计是这样的一项工作：在企业的组织中，对构成企业组织的各要素进行排列、组合，明确管理层次，分清各部门、各岗位之间的职责和相互协作关系，并使其在企业实现战略目标过程中，获得最佳的工作业绩。

从最新的观念来看，阿米巴组织结构设计实质上是一个组织变革的过程，它是把企业的任务、流程、权力和责任重新进行有效组合，并加以协调的一种变革。根据时代和市场的变化，进行阿米巴组织结构设计或组织结构变革（再设计）的结果是大幅度地提高企业的运行效率和经济效益。

【思考】为什么说组织结构设计的过程实质上是一个组织变革的过程？

二、组织设计前提一：影响因素

1. 企业环境方面

企业面临的环境特点，对阿米巴组织结构职权的划分和组织结构的稳定有较大的影响。如果企业面临的环境复杂多变，有较大的不确定性，那么，为了增强企业对环境变化的适应能力，就要求在划分权力时给中下层管理人员较多的权力，比如经营决策权、随机处理权。如果企业面临的环境是稳定而可掌控的，对生产经营的影响不太明显，就可以设计比较稳定的组织结构，实行程序化、规模化的管理，并把管理权较多地集中在企业领导手中。

2. 企业规模大小

一般而言，企业规模的大小是决定组织结构规模和复杂性的关键因素。通俗来讲，企业规模小，管理工作量小，为管理服务的组织结构也比较简单；当企业规模逐渐扩大，管理工作量变多，需要设置的管理机构增多，各阿米巴之间的关系也相对复杂。

3. 企业战略目标方面

企业战略目标与阿米巴组织结构之间是作用与反作用的关系，即，企业战略目标决定着企业组织结构，同时企业的组织结构又在很大程度上对企业的战略目标和政策产生一定的影响和决定作用。因此，只有对本企业的战略目标及其特点进行深入的了解和分析，企业在进行组织结构设计和调整时才能做出正确的选择。

4. 信息沟通

信息沟通贯穿于管理活动的全过程。组织结构功能的大小，在很大程度上取决于它能否获得信息、能否获得足够的信息以及能否及时地利用信息。

总之，阿米巴组织结构设计必须以认真研究上述四个方面的影响因素为前提，并与之保持相互衔接和相互协调，并根据企业具体情况与企业自身特点，决定以哪个要素为主。因为在一个较大的企业中，其整体性的结构模式和局部性的结构模式允许不相同。比如说，在整体上是阿米巴制的结构模式，在阿米巴组织局部可以采用职能制的结构。因此，企业不应该把不同的结构模式截然对立起来。

【思考】影响你的企业发展的因素有哪些？如何进行分类？

三、组织设计前提二：核心竞争力分析

企业如何根据自身的战略与运营策略，规划出新的阿米巴组织结构？从战略的角度上看，如果企业把整个组织具有更高的一致性作为战略期望，那么就需要在组织结构的设计上更多地强调集权，是一种控制跨度小、众多的层级和职能型的结构特征；如果是快速适应变化或复杂的环境，或是更积极地回应市场的战略目标，那么组织结构的设计会向分权管理靠近，以扁平的组织结构和以产品、地理或是市场区域的阿米巴组织结构来调整适应战略。从企业的运营策略角度来看，则会产生以下三种典型的选择。

1. 重视技术创新

这种策略下的企业，重视技术创新，期望具有极强的创新能力，能开发出市场上领先的产品。这对企业在业务、组织结构和管理流程上的设置要求为：快速应变，灵活机动，并能够不惜代价地在各方面（组织结构、流程、授权、信息分享等）拥有高效率与公司对市场的响应速度，以便加速新产品的上市。所以企业在组织结构体现出以下特征：

（1）围绕产品类别可以灵活改变组织结构，组织结构扁平、松散。具有可以随时重新组合（如项目组）以支持新技术开发的优点。

（2）产品设计和市场营销人员共同协作，更能确保产品、技术的市场

化，能及时地得到市场反馈。

（3）专业部门作为后援组织，可以服务于整个企业，比如技术支持中心。

2. 强调以客户为中心

强调以客户为中心，提供最佳的解决方案。当企业选择该战略时，往往是从客户的长远价值出发来考虑运作，要求对不同行业的客户需求有专业和深度的了解，并且能够根据客户需求改造和组合服务与产品，能够具备建立关系、培植紧密关系、深入理解客户需求并向长期客户提供服务和产品的能力。

以客户为中心的企业要求员工技能多元化，适应性强，以灵活处理客户问题和满足客户的需求。通常的组织结构特征表现为：

（1）企业建立阿米巴单元，并被派遣到供应商或客户处工作。

（2）企业把关注点放在重要客户身上，往往会按照客户的行业来划分阿米巴组织。企业还会建立全国级和跨国级客户组织，给大型客户提供更好的服务。

（3）为多个客户细分定制产品的同时提供宽广的产品选择范围。

（4）为确保减少客户响应时间而合并阿米巴组织，这样可以为客户提供专门的快速服务。

3. 强调以运营（成本）为核心

在强调以运营为核心的策略下，企业关注运作过程的标准化、简单化，并强调高度的控制和集中计划，从而达到使各个层面的随机决策率降到最低的目的。但同时要求管理层必须具备良好的决策能力，选择少量的产品类别集中投入，以低成本价格优势组织大规模销售。这种类型的组织结构通常体现出以下几个特征：

（1）企业关注于端到端的流程设计与优化，随之建立简单、标准的流程。

（2）企业重视内部审计功能的强化。

（3）企业成立独立部门，以便关注运营标准的建立和维护。

（4）服务性的部门往往会更贴近客户，并提供更便利的服务。

当然，组织结构还会受到诸如业务种类、数量和地区分布等因素的影响。当业务种类和数量越来越多、地区分布越来越广的时候，组织就会更多地考虑分权，组织结构更多地采用产品、阿米巴组织结构形式。反之，有的企业则更多地强调集权，采取直线职能型组织结构形式的可能性越大。

【思考】请分析一下你的企业的核心竞争力。

四、阿米巴组织结构设计的原则

1. 宏观性原则：明确 SDU\SBU\ 总公司三大核心机能

● 明确 SBU 机能——公司的盈利单元。

● 明确 SDU 机能——公司的未来盈利单元。

● 明确总部机能——财务、人力、文化、运营等。

2. 微观性原则：专业性和统一性原则

● 各单元模块是否有专业性约束，能否贯通。

● 各单元模块必须分中有合，不偏离企业战略和企业文化。

3. 贯彻经营策略：战略转化到战术战斗

● 战略层面——战略清晰、可执行。

● 战术层面——有执行方案和实施团队。

● 战斗层面——一线员工高效工作。

4. 贯彻经营者意志：反映艺术一面——人心一面

● 导向明确，与高层的意志一致。

● 人性化经营，调动全员。

【思考】阿米巴组织设计的原则有哪些？为什么要坚持这些原则？

第四节　阿米巴组织设计操作

第一步　如表3-1，描述公司的战略目标（年度即可）

表3-1　公司的战略目标

战略目标	战略目标描述
财务目标	
客户目标	
团队目标	

第二步　根据公司战略画出公司现有的职能型（或事业型）组织架构图

不同的企业，其发展模式、管理方式等都不尽相同，但是一般企业都会划分如人力资源、采购、生产、财务、研发、营销、仓库等具有最基本职能的部门。根据企业的管理层次，进行归类。

第三步　设置总公司辅助职能机构

即：以明确企业战略为前提，先确认总公司（总部后勤服务部门）的组织结构，包括财务部、信息部、企划部、经营管理部、人力资源部、行政部等。基本的职能单元划分好，可以有效避免由于人员繁多、部门虚设等问题造成的资源浪费。比如在企业发展初期，各部门没有必要设置齐全，只需要集中财力和资源保证研发、生产、销售等基本职能的运营，如将行政、人资等后勤部门并列归入一个综合管理部。

第四步　梳理一级 SBU/SDU，设置事业部

总部机构设置好后，再划分成熟事业部（SBU）与发展中的事业（SDU）组织。第二章已经讲解过，可以参阅。

划分经营单元的目的是让每个经营单元更好地发挥其职能，能够更加灵活地迎合市场的变化。

第五步　在各 SBU 内寻找公共职能并进行合并

事业部型组织结构容易出现机构重复设置的问题。为了解决这一问题，企业很多时候会将公共的部门集中整合。当我们减去多余的部门，并且把最基本的职能单元划分好时，就能有效避免由于人员繁多、部门虚设等造成的资源浪费。比如，两个事业部原则上都需要财务部、人力资源部等，但是这两个事业部发展得都不够强大，如果都各自设立了这两个部门，就会使企业出现机构庞大、人员繁多等情况。所以，可以把这两个公共的部门都集中到总公司，并且统一为这两个事业部提供服务。

第六步　细分二级事业单元

本章是组织架构设计，宏观思维，组织中出现一、二级阿米巴即可，集团化企业可出现多级阿米巴。

关于多层次阿米巴，我们将在下一节进行讲解。

第七步　参照三种典型的阿米巴组织架构图，设计出本企业的阿米巴组织架构图。

第四章
阿米巴单元划分

　　阿米巴经营的一种必要手段就是组织划分。中国企业使阿米巴经营得到有效推行并落地，离不开合理的组织划分。组织划分需要遵循"能独立完成一道工序且能创造市场价值"的原则，即经营者可以以服务种类、产品类别、工作职能、地域、工序等差异为依据，把企业这一个整体划分成为一个个能够进行独立核算的小集体。

第一节 阿米巴组织单元划分原理

一、细分阿米巴单元的目的

通过阿米巴经营，把公司划分成若干个小集体。每个成熟的小集体都按一个小公司的方式进行运营，独立核算，并且自负盈亏，还要对最小的经营组织进行业绩评估。通过赋权经营的模式，使与老板理念一致的经营人才在公司内得到不断培养，最终实现全体员工共同参与，创造高收益，成就员工，彻底解放老板。

细分阿米巴单元的两大目的：

（1）实现全员参与经营，培养具有经营者意识的人才。

（2）确立与市场直接挂钩的部门核算制度。

二、细分阿米巴单元的作用

（1）各个阿米巴都有自己的产品和市场，既能够规划其未来发展，又能灵活自主地适应市场出现的新情况，并迅速做出反应。所以，这种组织结构有高度的稳定性和良好的适应性。

（2）有利于最高领导层摆脱大量的繁杂事务，进而成为企业坚强有力的决策机构，同时又能使各阿米巴发挥经营管理的积极性和创造性，从而提高企业的整体效益。

（3）有利于培养全面管理人才，为企业的未来发展储备干部。例如，阿米巴经理负责领导的虽然只是一个比所属企业小许多的单位，但是，由于阿米巴自成系统，独立经营，相当于一个完整的企业，所以，他也能经受和应对企业高层管理者面临的各种考验。

（4）作为利润中心，阿米巴既便于建立衡量阿米巴及其经理工作效率的标准，进行严格的考核，又易于评价每种产品对公司总利润的贡献大小，用以指导企业发展战略决策的制定。

（5）有利于提高劳动生产率和企业经济效益。按产品划分阿米巴，便于组织专业化生产，形成经济规模，采用专用设备，并能使个人的技术和专业知识在生产和销售领域得到最大限度的发挥。

（6）各阿米巴之间的比较和竞争，有利于增强企业发展的活力，促进企业的全面发展。

（7）各阿米巴自主经营，责任明确，使得目标管理和自我控制得到有效的进行。在这样的条件下，高层领导的管理幅度便可以适当扩大。

【阅读链接】

京瓷的阿米巴小组织经营

为在全公司实践"追求销售额最大化和经费最小化"原则，京瓷把组织结构进行了细分，并使其独立成为一个核算单位，即"阿米巴"。然后在每个阿米巴安排负责人进行领导，并下放经营权。阿米巴领导在得到上司认可后，负责全面经营，包括制订经营计划、业绩管理、劳务管理、资材订货等。

虽然阿米巴是个小组织，但开展经营必须要进行收支计算，需要掌握最低限度的会计知识。但是，要让所有的阿米巴领导都具备这方面知识，这在当时的京瓷公司不现实。因此，必须形成要让没有特殊专业知识的人也能够明白阿米巴核算的机制，这时就想到了"单位时间核算表"。

单位时间核算表不仅包括了各阿米巴的收支情况，而且还计算出该差额的附加价值，该附加价值除以总的劳动时间得出每小时的附加价值。

公司内部购销甚至能在质量管理上发挥巨大作用。由于是购销，作为买方的阿米巴如果认为质量不能满足要求是不会进行公司内部采购的，因此不能达到各道工序规定质量的半成品是不会流入后道工序的。也就是说，每项公司内部采购活动都成了"质量关卡"，产品质量得到了检验。因此，各道工序的阿米巴都严格地按照质量标准制造产品。

（摘录自稻盛和夫之经营哲学演讲稿，有改动）

三、阿米巴单元划分的原则

划分阿米巴，主要遵循"整体规划、分步实施"的原则，使阿米巴单元划分方案能够发挥高端引领作用，并能够有效实施。

1. 整体规划

即企业导入阿米巴经营模式，应立足于从整体上进行战略规划，再制订详细推进计划，为阿米巴经营模式在企业中的有序推进指明方向。对"阿米巴单元划分"进行系统设计，指引各项具体工作的开展。

2. 分步实施

阿米巴单元的划分与实施需要分步、分阶段地进行规划。划分后的阿米巴单元能独立核算，有完整的职能，有合适的巴长人选；然后确定阿米巴划分的依据——现行的组织、公司价值链、企业战略、人力资源状况等；

再明确划分的顺序——自下而上、逐级划分，并设计组织管理链；最后明确阿米巴的形态——利润阿米巴、成本阿米巴、费用阿米巴。

四、阿米巴组织划分的三个条件

行业的不同及企业发展的阶段、业务构造等不同，使其划分阿米巴单元的方式也各有不同。但是，无论以何种方式划分，都要格外慎重。划分阿米巴单元前需要明确三个前提：收支独立、业务独立和整体运行。

1. 收支独立

可以实现独立核算，能够计算出投入的成本和收益结果，并分析运转状态，评估收益，必要时调整生产计划。阿米巴组织的收入和费用必须清晰，阿米巴组织必须是一个可以独立核算的单位。为获取这些收入而产生的支出能够清晰计算。如：一般中小企业职能部门由于没有对外进行销售的业务，因此不能作为一个阿米巴组织独立出来；但对于大型企业集团，其有些职能部门，如企业大学培训部，既为企业内部提供培训服务，同时以其独特专业优势也为外部提供服务，就可以划分为阿米巴组织。

2. 业务独立

能够独立完成业务，并实现自主经营，形成计划、组织、实施、生产、控制的能力，能够独立经营，直接迎合市场。阿米巴组织产出明确，具备独立完成某项业务的能力。

3. 整体运行

以企业的整体效益为前提，能够贯彻企业发展战略和经营方针。阿米巴单元之间相互沟通配合，以保证任务划分的合理性和人员的协调性。阿米巴单元之间不可互起冲突，各个单元共同协作，为实现企业的同一目标配合协作。

运行阿米巴经营模式，就要建立阿米巴运行委员会而非依靠老板。各个阿米巴组织拥有同一个经营目标，紧扣年度计划，按月度进行核算管理，全体成员掌握每天的进展情况。阿米巴领导需要具备强烈的使命感，实现阿米巴的各个目标，不断创新。强化每一个阿米巴，使每个阿米巴成员具有整体意识、大局观念。

阿米巴经营模式的运行，需要循序渐进，遵循基本的规律，由上到下，由大到小，分层逐步推进。先找到成功概率最高的部门试推行，再在其他部门陆续推行。

【思考】如何理解阿米巴组织划分的原则和条件？

【操作】阿米巴单元预选

将符合划分条件的单元，填入表 4-1 中。

表 4-1　列举划分图

单元名称	组织级别	职能描述

注：先列一级部门，再列二、三级，集团化企业可列出更多级。

第二节　阿米巴组织划分的方法

一、横向划分阿米巴

1. 原理

分中有合，合中有分。每一个业务单元都是作战模块，互相配合支援，才能实现公司整体效率的提升。

2. 目标

在横向关系方面，各阿米巴均为利润中心，实行独立核算。也就是说，实行阿米巴制，则意味着把市场机制引入到企业内部，各阿米巴间的经济往来将遵循等价交换原则，结成商品货币关系。

3. 原则

（1）横向取势，做大组织结构效能。

（2）强调专业分工，形成完整业务链。

横向划分阿米巴组织结构图，如图4-1所示。

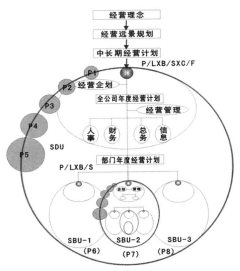

图 4-1　横向划分阿米巴组织结构图

4. 划分维度

阿米巴单元划分维度，如图 4-2 所示。

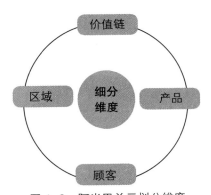

图 4-2　阿米巴单元划分维度

（1）按照价值链维度进行划分。

按企业的产出将业务活动组合起来，成立专业化的经营管理部门，即阿米巴经营单元，具体如图 4-3 所示。

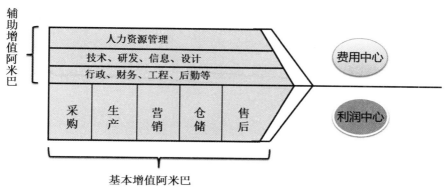

图 4-3 阿米巴职能划分图

【阅读链接】

价值链分析法是美国哈佛商业学院教授迈克尔·波特提出的一种工具，具体来说，是指对企业活动进行分解，通过单个活动本身及各活动之间的相互关系来确定企业的竞争优势。

企业的生产经营活动主要包括主体活动和支持活动。其中，主体活动有五种，即原料供应、生产加工、产品储藏和运输、市场营销及售后服务，主要是企业生产经营的实质性活动。主体活动是企业基本的增值活动，与商品实体的加工流程有着直接关联。

支持活动主要有四种，即企业投入的基础结构、采购管理、技术开发和人力资源管理，这些活动既要支持主体互动，又支持内部之间的需要。图 4-3 只是表明了采购管理、技术开发和人力资源管理三种支持活动，它们不仅维持了整个价值链的活动，而且与各项具体的主题活动之间存在着密切的联系。需要注意的是，企业的基本职能活动支持着整个价值链的运营，而不是与每项主体直接发生联系。

（2）按照产品维度进行划分。

在产品品种较多、每种产品都能形成各自市场的大企业的情况下，可以按产品设置若干阿米巴，把与产品有关的设计、生产、销售、服务、技术等业务活动，组织在这个产品阿米巴之中，并且由该阿米巴总管。

（3）按照区域维度进行划分。

按照区域划分的前提是企业规模比较大，销售地区广，工厂分散。

（4）按照顾客（市场）维度划分。

如果产品的顾客类型和市场不同，还可按顾客类型（市场）成立阿米巴。这样，每个阿米巴经营单元都有自己的产品或服务的生产经营全过程，为企业贡献出一份利润。

【思考】结合阿米巴组织划分的维度，思考"横向取势，做大组织结构效能"的意义。

二、纵向细分阿米巴

1. 原理

"集中决策，分散经营"，强调在政策统一的条件下，充分授权下级，强化市场应对能力。

2. 目标

纵向划分阿米巴的好处就是能最大限度地把管理权限下放到下级阿米巴，并且使它们能够依据企业的经营目标、政策和制度，实现完全自主经营，充分发挥其生产经营的积极主动性。

3. 原则

纵向细分阿米巴组织结构，如图4-4所示。

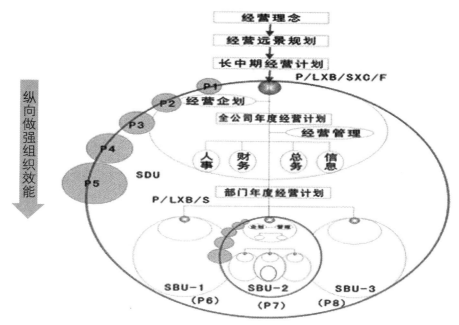

图 4-4　纵向细分阿米巴组织结构图

●纵向取势，做强组织效能。

●强调统一指挥，合理放权，清晰经营链。

4. 要点

（1）顺序：自下而上，逐级细分。

在阿米巴层级设定上，遵循的是自下而上，逐级细分的逻辑。从一级阿米巴到七级阿米巴，逐级分权，如图 4-5 所示，此图被众多国内企业和机构用以指导阿米巴实践。

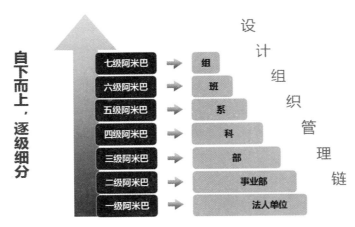

图 4-5　阿米巴组织划分的顺序

在理论上，采取自下而上，逐级细分的逻辑的好处有三点：一是组织责任属性转变，将传统直线职能制组织下的收入中心（如销售）、成本费用中心（如生产、职能部门）转化成为众多利润中心，并且在独立核算与成果分享的激励机制驱动下，员工更加关注本阿米巴组织的投入产出效益，主动提高资源的利用价值。二是为员工提供参与经营的组织平台，通过扩大分权和物质激励，充分调动员工的积极性。三是通过内部市场价格传导机制，传递外部市场的竞争压力。

（2）统一指挥。

组织管理链是一条权力链，它表明组织中的人是如何相互联系的，表明谁向谁报告。古典学者们总是把统一指挥原则放在经营管理的第一位，认为每个下属应该而且只能由一个上级主管直接负责管理，其不能向两个或两个以上的上司汇报工作。否则，下属可能要面对来自多个主管的相互冲突的要求或其他优先处理的要求，这样下属的工作就会出现混乱。

（3）阶梯原理。

这一原理适用于从事不同工作和任务的人，说明其权力和责任应该是有区别的。组织中的所有人都应该清楚地知道自己该向谁汇报。所以，阶梯原理反映的是一种自上而下的、逐次的管理层次。

统一指挥涉及谁对谁拥有权力的问题，阶梯原理则涉及职责范围的问题。

【思考】什么情况下适合纵向划分？如何理解"纵向取势，做强组织效能"？

三、灵活多变的基层阿米巴单元

1. 原理

基层的阿米巴组织划分更加灵活。一线是战斗打响的地方，需要保持高度的市场敏感性，拥有较强的现场处置能力，因而灵活多变，如图 4-6 所示。

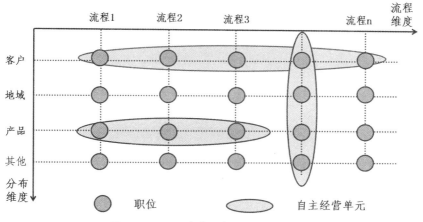

图 4-6　灵活多变的基层阿米巴组织

2. 原则

（1）忠实于客户需要；

（2）忠实于市场需要；

（3）忠实于现场需要。

3. 要点

（1）因地制宜；

（2）灵活多变；

（3）适时调整。

【示例】

如下图所示，某服装企业生产衬衫、夹克、西装、西裤四类服装，四类产品存在明显的淡旺季。在划分阿米巴的时候，很容易以产品为纬度划分阿米巴单元，在每个产品线上又以工序划分阿米巴。这样划分是不正确的，原因是当淡季工作不饱和时，旺季人手不够用，需要向其他部门借人工，这也导致部门之间沟通成本很高。最佳的划分方法是按裁、缝、熨三个工序划分，而不是按照产品类别来划分。这样可以有效发挥工艺的专业性，有利于高效组织生产，形式上比较灵活，核算也比较容易。

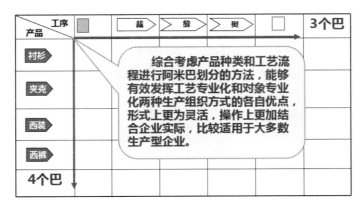

图 4-7　正确划分阿米巴单元图

【操作】

表4-2　公司阿米巴单元划分方式

部门名称	细分方式	理由
	纵向 □　　横向 □	
	纵向 □　　横向 □	
	纵向 □　　横向 □	
	纵向 □　　横向 □	
	纵向 □　　横向 □	

注：部门名称从组织架构图里面选定。

【阅读链接】

京瓷的阿米巴小组是如何经营的

京瓷是以一个个阿米巴小组为单位构成的，但是也并非与一般企业完全不同。例如，京瓷的各阿米巴小组也实行阶层制，设有事业部、课、系、班等部门。不同的是，稻盛和夫以各阿米巴小组为单位设计了一套独立核算体制。

阿米巴是工厂、车间中形成的最小工作单位，如一个部门、一条生产线、一个班组等。企业内的所有人都归属于阿米巴小组，平均来说十二三个人组成一个阿米巴小组，具体根据工作内容的不同，有的阿米巴小组可达到50人左右，而有的可能只有两三个人。阿米巴小组与一般企业最大的不同在于每个阿米巴都是一个独立的利润中心，它们像一个中小型企业一样活动，只要经过上司的批准，便可在经营计划、日常管理、劳务管理等经营上自行运作。在这种情况下，每个阿米巴都是独立生产、独立会计、独立经营，而且各个阿米巴小组之间还可以随意拆分、组合，使公司有能力根据市场变化做出及时反应。

1965年，阿米巴经营正式被导入京瓷，作为衡量经营状况的重要指标，单位时间核算制度被纳入了阿米巴经营体系。其实，早在两年前，稻盛和夫和青山正道便推出了单位时间核算制度，其实际应用要早于阿米巴经营。

所谓单位时间核算制度，是指在单位时间内所能生产的附加价值，需要注意的是，这里的附加价值并非通常意义上所说的同样的价格提供更多的服务，而是"以更少的资源做出市场上价值更高的东西"。单位时间核算制度属于会计体系，具体的计算公式为：单位时间附加价值＝销售额－费用／总劳动时间，其中，费用为劳务费以外的原材料费等，总劳动时间为正常工作时间与加班时间的总和。

因此，各阿米巴小组制定的目标不是成本，而是生产力和附加值。而且，为达成目标，实现附加值的最大化，各阿米巴小组必须以最少的费用完成订单，用最少的费用创造更大的价值，为此，各阿米巴小组除了要进行成本管理外，还需把实际成本控制在标准成本以下。在这个过程中，各阿米巴小组成长为一个不断挑战自我、富有创造性的团队。

传统的成本管理往往聚焦于一个产品在每道工序上的成本，管理的主角是产品，是物。阿米巴经营突破了传统的思维禁锢，团队是主角，那些绞尽脑汁地想要以最少的费用创造最大的价值的人是主角。另外，在单位时间核算制度下，每个部门、每个小组，甚至每个人的经营业绩都变得无比清晰、透明，这让每个人都可以直观地看到自己的贡献和价值。通常，大企业内的员工感觉不到自身工作的价值，在庞大的企业内部系统，他们只是一个小小的齿轮。而阿米巴经营让全体员工都容纳到管理体系中，让每个人都感受到自己创造的贡献与价值。在单位时间核算制度下，公司按月公布各阿米巴小组创造的附加价值，每个阿米巴小组当月的经营状况、每个人创造的利润及占总利润的百分比等都一目了然。而且，各阿米巴小组中的每个人都清晰地认识到工作目标，并为达成这个目标而付出不懈努力，在创造价值的同时实现自我的升华。

第三节　阿米巴经营单元形态

阿米巴经营单元划分后有三种存在形态，即：利润型阿米巴、成本型阿米巴、费用型阿米巴。

一、利润型阿米巴（利润中心）

利润型阿米巴（利润中心），是对利润负责的经营单元。利润型阿米巴形同"大公司"里的"小公司"，负责人必须对营销运营的结果——盈或亏负责，如图4-8所示。

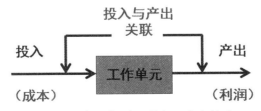

图4-8　利润型阿米巴的投入产出关系

利润型阿米巴的特点：

（1）独立性——利润型阿米巴对外虽无法人资格，但对内却是独立的经营个体，阿米巴在产品售价、采购来源、人员管理及设备投资等方面，均享有高度的自主性。

（2）获利性——每一个利润中心都有一定收入与支出，因为每一个利润型阿米巴都会有一张独立的损益表，并以其盈亏金额来评估其经营绩效。非属对外的营业部门，就需要设定内部交易和服务的收入，以便计算其利润。

优点：市场适应性较高；决策质量及效率较高；快速培养经营人才；利于释放员工的潜能。

缺点：总部管控难度加大；内部交易造成摩擦增多；分权可能增加额外成本；过于强调短期及局部利益。

【思考】你的公司目前可划分为利润型阿米巴的单元有哪些？

【阅读链接】

阿米巴在台塑集团的发展

有着 30 多家分公司和海外公司的台塑集团是台湾第二大民营企业，其在台湾乃至整个世界的石化界都有着举足轻重的地位。台塑集团取得成就的背后，离不开的是其经营理念。在永续经营的基础上，台塑集团坚持"人心永续"，并将"责任永续"视为其发展的根基。在台塑集团创办人王永庆看来，企业发展的第一位永远都是关心员工，永远都是落实经营责任。

王永庆认为，为使员工能够有效承担起单位经营绩效的责任，应该给予员工充分的自主权。同时，管理者也应该摒弃官僚主义作风，这就需要员工加强自我管理，通过个人实力的发挥来提高整体的绩效。为此，在台塑集团，各事业部独立展开产销活动，其中，各事业部以事业部经理为核心，自主经营，自负盈亏。

随着台塑集团的不断发展和各事业部规模的扩大，产品种类变得越来越多，各事业部内部责任开始变得有些模糊不清或者不合理。对此，王永庆又以厂别或产品别为标准将各事业部划分为若干个利润中心，各利润中心独立计算盈亏，各自衡量经营绩效，使责任更加明确、合理。

之后，王永庆又发现，过大的产销范围导致各利润中心不易计算并降低成本，因此他又针对生产部门的成本中心和非直接生产部门的费用中心，将利润中心进行细分。

如今，台塑集团内部已经有上千个利润中心和上万个成本核算中心。

二、成本型阿米巴（成本中心）

成本型阿米巴是对成本和费用承担控制、考核责任的中心，是对费用进行归集、分配，对成本加以控制、考核的阿米巴组织，亦即对成本具有可控性的阿米巴组织。这里说的可控性，是与具体的责任中心相联系的，而不是某一个成本项目所固有的性质，如图4-9所示。

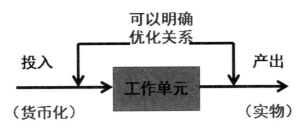

图4-9 成本型阿米巴的投入产出示意图

企业为了划分所属各生产部门成本计算和成本控制的职责范围，通常设立若干个成本型阿米巴。但是成本型阿米巴只控制成本，无控制销售收入的职责。

而作为成本型阿米巴，其主要职责是协助利润型阿米巴进行相关的营销活动。比如说，成本型阿米巴可以协调其他阿米巴与客户之间的关系，协调其他阿米巴组织进行市场的推广和帮助其他阿米巴组织分析和开发相应的客户。而利润型阿米巴则更多地考虑其利润的最大化。

成本型阿米巴的优点是利于降低产品或劳务的成本，实现短期及局部业绩改善；缺点是容易导致重"节流"而轻"开源"，重"局部最优"而轻"整体最优"。

【思考】你的公司目前可划分为成本型阿米巴的单元有哪些？

三、费用型阿米巴（费用中心）

费用型阿米巴主要对费用发生额负责，用货币量衡量投入或费用，但是阿米巴产出却不用货币量加以衡量。费用型阿米巴是以控制经营费用为主的责任中心。费用型阿米巴的控制目标是特定财务期间内的管理费用、财务费用各明细项指标，并据此评估达成效果。费用型阿米巴的投入产出，如图4–10所示。

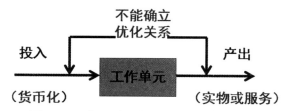

图 4–10 费用型阿米巴的投入产出示意图

费用型阿米巴的优点是利于费用额度及用途的控制；缺点是费用使用的效果难以评估，预算制下容易造成"突击消费"。

【思考】你的公司目前可划分为费用型阿米巴的单元有哪些？

【操作】阿米巴单元形态确认，并且填入表4-3中。

【成果】××企业阿米巴单元表。

表 4-3　XX 企业阿米巴单元表

编号	单元名称	级别	阿米巴形态	备注

第五章
经营管理部规划与建设

　　日本企业的组织设计很讲究，特别是增设了经营企划部和经营管理部，两个部门的职能定位和工作实务界定得非常清晰。各个事业单元本身具备经营企划和经营管理两项职能，在总部经营企划部和经营管理部的指导下，开展工作，从而深刻影响组织的运行。

　　本章将从经营理念、部门职能定位、工作实务和人才考察任命等方面，详解经营管理部的规划与建设。

第一节　从管理走向经营

一、管理与经营的区别与联系

1. 管理和经营的含义

管理的诞生：管理是劳动社会化的产物。

人类劳动实现社会化分工之后，管理便诞生了。管理适用于一切组织。

经营的诞生：经营是商品经济的产物。

在管理日趋成熟之后，企业图谋更好发展，管理职能向外界（企业本身之外）延伸，经营便诞生了；经营只适应于现代企业。

2. 管理与经营的区别

管理是以事为本的思维，是治标之策。表现为三个方面：以事为本，执行控制，工具方法。

经营是以人为本的思维，是治本之策。表现为三个方面：以人为本，方向策略，理念原则。两者的区别如图 5-1 所示。

图 5-1　管理和经营的区别

3. 管理与经营密不可分

管理始终贯穿于整个经营的过程，没有管理，就谈不上经营。

管理的结果最终在经营上体现出来，经营结果代表管理水平。

互联网时代，经营与管理是不可分割的整体。忽视管理的经营怎么能够实现长久持续的发展呢？忽视经营的管理是没有活力的，是僵化的。因此，当一个企业为了管理而管理，为了控制而控制，不考虑企业员工的时候，就只会让企业走上绝路。

【思考】联系实际，谈谈你对经营与管理的认识。

二、经营者必须树立六大经营观念

经营是领跑者，管理是核心驱动力。作为经营者，必须建立经营思维，并且树立这六个观念：市场观念、用户观念、竞争观念、创新观念、开发观念、效益观念。

【思考】联系实际，分析公司领导层是否有这六个方面的观念。

三、人人成为经营者

将自己的权利和责任适度地交给部属分担，让部属尽最大能力，求取好成绩。

——松下幸之助

1927 年，松下电器率先尝试建立事业部，松下幸之助将自己的权力下放，委派部下作为事业部的最高负责人。事业部相当于一个独立的经营体，自己拥有生产、销售、研发等各种权力，由部长负责进行独立核算、自负盈亏。只有从基层员工开始，当他们愿意承担更多的责任、勇于付出最大的努力时，才能让企业发展，才能让自己有所收获。

老板最大的痛苦是企业只有老板一个人是经营者！

在企业里，最核心的资源就是员工。员工既是给企业创造更多附加价值的人，也是可以盘活其他各种资源的资源。企业竞争的本质就是人与人之间的竞争，量化分权可以释放人的内在潜力。开展量化分权经营模式，最大的目的就是培养人才。

然而，随着企业的不断壮大，很多人对领导者的经营理念、政策以及方针越来越难以清晰地领会，进而导致企业经营出现迷蒙状态，企业活力也逐渐下降，所以量化分权不仅是化解企业困境的唯一途径，也是员工提高工作动力的源泉。

当然，怎么分权也是一大难题。目前，很多人都是通过"流程管理"进行分权管控，但这种分权方式存在着非常大的弊端：流程划分不细致，导致员工不知道拥有多大的权力，应该承担多大的责任；流程管理太细致，又会使他们陷入束手束脚的境地，甚至形成同事之间的恶性竞争。

那么，如何分权才会活而不乱，使员工充满工作积极性呢？

开展量化分权，将企业分割成一个个独立核算的利润中心，实施独立经营，使员工从"执行者"转化成"经营者"，形成人人都是经营者的经营模式。

所以，量化分权是真正实现从"给老板干"到"给自己干"的过程，意味着员工有自主经营权，每天的收益、效益自己看得见，不再是只有老板算账本，员工也能算自己的账本。量化分权不仅仅是一种经营模式，更是一种改革趋势，让每一个员工都能实现自己的老板梦。

【思考】学完本节内容对你有何启发？

第二节 经营管理部的职能与建设

一、经营管理部与经营企划部

1. 两个部门在组织架构中的位置

企业导入阿米巴经营模式之后，需要设立战略规划部和经营管理部。

如图 5-2 所示，经营企划部位于公司"中长期经营计划"和"全公司年度经营计划"之间。处在战略体制层面的上半部分，偏宏观、偏战略、偏想象力。从仿生学的角度讲，这个部门相当于人的右脑，是感性的创造性思维模式。

经营管理部，位于"全公司年度经营计划"和"部门年度经营计划"之间，处于公司战略体制层面的下半部分，偏中观，偏执行，偏流程和标准。从仿生学的角度讲，这个部门相当于人的左脑，是理性的逻辑思维模式。

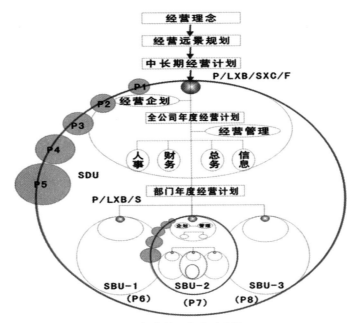

图 5-2　经营管理部与企划部

【阅读链接】

人的左脑和右脑

有研究表明，人的大脑可分为左脑和右脑。其中，左脑控制着人右半身的一切活动，一般而言，左脑具有语言、概念、数字、分析、逻辑推理等功能；右脑控制着人左半身的一切活动，一般而言，右脑具有音乐、绘画、空间几何、想象等功能。

有调查显示，大约有一半的人左脑和右脑的发展比较均衡，而那些发展不均衡的人绝大多数都是左脑更发达一些。另外，全球左撇子的数量占总数的10%，这部分人是右脑比较发达。左脑和右脑发展的不均衡，背后暗含的是人的诸多特质与天赋的秘密。

左脑的脑细胞有助于理解数学和语言，右脑的脑细胞多是发挥情感和欣赏艺术。因此，左脑和右脑发展不均衡的人也会有着明显的不同。

右脑最大的贡献是创造性思维，因此右脑发育程度完善的人往往有着更强的知觉和空间感、想象力以及把控全局的能力，在动作上也会更敏捷。右脑常常会打破局部分析的禁锢，通过统观全局，大胆猜测，达到直觉的结论。甚至，在某些人身上，直觉会变成一种先知能力，他们可以据此预测未来，事先做出应对决策。

左脑与右脑则完全不同。如果说右脑是高速记忆，那么左脑则是低速记忆；如果右脑是过目不忘，那么左脑则是"劣根记忆"。

左脑比较活跃时，一般来说人是在处理简单的语言问题。左脑发育程度比较高的人做起事情来比较有逻辑、有条理；左脑发育程度比较高的人善于判断各种关系和因果，在社交场合比较活跃；左脑发育程度比较高的人擅长统计，方向感比较强；左脑发育程度比较高的人擅长组织活动，对于技术类和抽象类的工作能够完成得很好。

2. 两个部门发挥作用的途径

如图 5-3 所示，经营企划部和经营管理部对公司的高管层负责，不具备刚性的组织指挥权，但是具有辅助指导权，通过自己专业的高度发挥无形的影响力。

每个事业单元都具有经营企划和经营管理职能，其职能的发挥，接受总部经营企划部和经营管理部的指导。

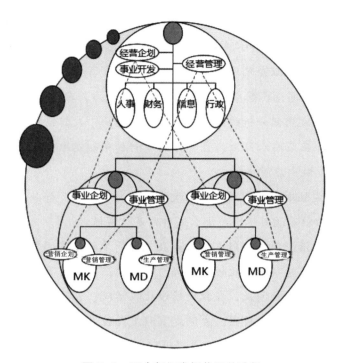

图 5-3　两个部门发挥作用的途径

【思考】结合本书第二章第二节的讲解，你认为公司对这两个部门的负责人有哪些要求？

二、经营企划部与经营管理部的职责

企划部与管理部直接由公司领导，并且由总经理考核经营部的工作业绩。实行部长负责制，部长负责实施全面工作。下面以某企业的经营企划部和经营管理部为例，具体阐述其不同的岗位职责，如表 5-1 所示。

表 5-1 某企业经营企划部、经营管理部岗位职责

项目	经营企划部	经营管理部
使命	站在与经营高管层同样的位置，通过建立环境分析模型，对宏观经济、产业经济及行业情报进行研究，对新事业展开多元化的企划与培育，并对老事业的多样化进行合理、高效的指导，平衡各新、老事业的资源分配，确保企业安定成长，长治久安	站在与经营高管层同样的位置，利用经营会计的手法（量化），关注所有经营活动的过程，对经营进行适当、正确、合理的管理。确保年度经营利益的实现，为企业的安全、新事业的发展提供稳定的资金保障
目标	研究并制定企业发展战略，指导内部经营方向	使企业整体和各个事业部门的责任者实现所期待的年度经营计划和利益计划
主要职责	1. 积极研究和关注行业发展和政策变化，提出行业发展研究报告，如考察国内国外的市场 2. 研究公司内部环境和相关变化，提出内部发展研究报告 3. 制定新事业开发策略及项目孵化，如新事业投入评估 4. 制定投融资（含上市、并购等）、发展及竞争策略 5. 组织编制公司总体战略规划，提出战略实施方案和计划，并跟进战略进行执行纠偏 6. 策划、组织并指导各 SBU、SDU 和部门编制公司职能和业务条线的年度经营计划，汇编公司年度经营计划文件 7. 新技术、新素材的研发、引进及应用，核心技术升级	1. 利用经营会计的体系和手法，年初进行预算（计划），年中进行计算（月度决算），年末进行决算（总决算/评价） 2. 领导制订和实施各事业部年度经营计划、制定各事业部业绩合同 3. 资金营运、人事、人才开发管理 4. 组织及管控模式，分权体制、独立核算 5. 组织绩效管理，包括业绩评价、业绩管理，评价活用制度等 6. 组织并指导公司各层级经营分析会议体系的建立和实施 7. 进入发生问题的部门，针对该部门的经营课题，给部门责任者以确切的对策建议

项目	经营企划部	经营管理部
主要职责	8. 公司级对外宣传及企业形象策略拟定，以及企业对外公关（含危机公关） 9. 战略资源如国外人才、高端设计师、跨界与异业合作资源的引进 10. 以经营高管层的姿态，对各新项目负责人、直线部门的事业部长、各部门的责任者给以战略实施的辅佐和监督	8. 积极配合部门责任者解决该部门的课题及协调其他部门共同解决问题 9. 制定统计及监察制度，建设信息系统 10. 促进公司经营管理体制的科学性、有效性，不断提高公司管理水平 11. 保证公司组织机构和经营管理平台建立的合理、高效 12. 针对公司存在的问题和不足，提出经营管理改善建议

【思考】结合公司实际，对经营管理部的使命、目标、职责进行说明。

【成果】经营企划部与经营管理部工作职责。

三、经营管理部部长人才条件

经营管理部部长，是经营高管层的最高经营参谋，是高管层的左脑。经营管理部部长的能力培养，如表5-2所示。

表5-2　经营管理部部长的能力培养

A. 实务能力	一般重要	一年可以培养出来
B. 行动能力	第二重要	二年、三年才能培养出来
C. 姿势	最重要	五年、十年才能培养出来

【思考】你的公司是否有合适的经营部长人选？如果没有，请制订经营管理部部长培养计划。

第六章
阿米巴业绩评价与激励

为了实现各阿米巴的经营目标，企业需要按照阿米巴组织管理的要求先设计评价体系，然后比照评价标准，采取一定的方法，对企业目标的实现情况进行判断。

企业业绩评价是一种专业性的技术判断，分为以下两个层次的内容：

（1）企业整体层次的业绩评价。根据评价对象的不同，分为企业业绩评价和管理者业绩评价。

（2）企业内部各层级和各阿米巴经营单位的业绩评价。根据评价对象的不同，分为各阿米巴组织业绩评价和个人业绩评价。

第一节　阿米巴业绩评价的原则

一、业绩评价的三个原则

阿米巴组织业绩评价是以企业管理者与员工之间管理沟通为目的的一项活动。管理者业绩评价的结果足以直接影响到员工薪酬调整、奖金发放以及职务升降等诸多切身利益。在进行阿米巴业绩评价时，需要遵循如下原则，如表 6-1 所示。

表 6-1　阿米巴业绩评价原则

原则	意义	标准、方法
进步性	与自己比	与去年比、与上个月比、与昨天比，要求每天都有进步
贡献度	与他人比	对公司整体贡献度的占比
公平性	投入与产出比	单位时间 单位人工费 单位资产投入回报

1. 进步性

阿米巴组织业绩评价，是指考评内容要与企业文化和管理理念一致。考评内容实质上就是员工工作的行为、态度、业绩等方面的要求和目标，是员工行为的基本导向。考评内容是企业组织文化和管理理念的具体化和形象化，所以考评内容必须明确：企业鼓励什么，反对什么，给员工以正确的指引。

2. 贡献度

阿米巴组织业绩评价，主要是对员工和团队对组织的贡献进行评估。通过定量定性对比分析，对公司项目一段时期内的经营效益和经营者业绩做出客观、公正和准确的综合评判。再通过系统的方法、原理来评定和测量员工在职务上的工作行为、态度和工作成果。

3. 公平性

对于阿米巴组织业绩应该科学地进行评价，使之可靠、客观、公平。当然，考评应该根据明确的标准考评，管理者应该尽量减少主观性和感情色彩，针对考评资料进行客观的评价。因此，评估内容要由用科学方法设计的一些指标来反映。在指标的设计过程中，要避免个人的主观因素，尽量采用客观尺度作为基本原则，使评估指标内容准确、具体，而且应尽可能量化。评估指标有定性指标和定量指标之分。为避免较大程度上的主观随意性，并增强评估的客观性和准确性，管理者对于定性指标也要尽可能量化，多运用一些数量考评方法。

【思考】进行阿米巴业绩评价时，为什么需要遵循以上三个原则？

二、业绩评价不同于业绩考核

业绩评价与业绩考核，在概念上有所不同。

1. 考核与评价的主体不同

考核主体往往是与企业的利益密切相关者，而评价主体既可以是企业的利益相关者，也可以是企业的非利益相关者。

2. 考核与评价的对象不同

业绩考核的对象是人；业绩评价的对象可以是整个企业或者某一阿米巴单元，也可以是人。

3. 考核与评价的标准不同

业绩考核的标准通常都是预先设置的，即通常采用的计划标准；业绩评价标准既可事先确定，又可事后选择。

4. 对结果的处理不同

对业绩考核结果的处理往往是把考核对象的个人报酬或者职位升迁都计算进去。而业绩评价通常不需要与考核对象的报酬或者升迁挂钩，多是为其决策提供依据。

【思考】业绩评价与业绩考核的区别有哪些？

三、阿米巴业绩评价的作用

阿米巴业绩评价可以达到支持战略、资源配置、经营监督、员工评价等目的。

1. 支持战略

每个阿米巴组织都有各自的战略，阿米巴组织的不同战略确定了不同的决策范围，所以说，管理人员要在阿米巴的战略之内进行决策。这样一来，在既定的战略下，管理人员就需要用业绩评价结果来确定两个问题：

（1）该战略是否适合该阿米巴组织的成长与机会？

（2）员工是否正在高效率地完成这一战略？

2. 资源配置

作为一个信号，业绩指标向员工传达了一类信息，如管理人员认为哪些环节是最重要的，哪些环节是最值得注意的。当管理人员用业绩指标来指引员工工作时，如果能使员工、管理人员和其他利益相关者之间的目标相一致，管理人员就能实现有效的资源配置。

3. 经营监督

因为每个阿米巴组织都有不同的业务流程，需要向公司反馈出那些业务运行不好的系统，因此，在日常运作中，其经常要用业绩指标进行经营监督。

4. 员工评价

业绩指标是对员工过去的行为表现的一种计量与反馈，并成为公司对员工加薪晋级的参考依据。在员工看来，业绩指标的得分越高，评价就越高，晋级加薪的可能性也就越大。

【思考】如何理解阿米巴业绩评价的目的？

四、一切为了组织绩效改善

企业制订出的年度、月度经营计划能够让各个阿米巴组织有明确的自主经营目标，之后又经过上下反复的沟通，确立了获得整体认同的企业绩效分析及评价系统，并以此为基础构建员工个人绩效考核方案，让阿米巴的一切经营行为直接应对组织绩效的改善。

在阿米巴经营绩效考核中，经营会计报表可以让每一个组织、每一个员工都能从经营数据中了解自己对公司具体的贡献度，体会到自身的进步，客观公平的评价由此产生。

【思考】你如何理解"一切经营行为直接应对组织绩效的改善"这句话？

【阅读链接】

绩效主义到底错在哪里

绩效主义发源于美国，在习惯于用金钱衡量个人价值的西方企业，绩效主义有着重要地位，但是，在注重团队精神的日本企业，绩效主义就显得格格不入了。绩效主义在西方企业中所体现出的种种优点，应用于日本企业中却都是弊端，破坏了企业内部的氛围。在绩效主义下，上司不是把下属当作有感情的人，而以各种指标去审视下属，从而磨灭了下属的积极性与创新能力。

索尼最大的失败便是实行了绩效主义。绩效主义想要对员工做出客观而公正的评价，只能通过能力的量化，这让最开始充满快乐、自由、豁达的索尼失去了活力，其挑战精神、团队精神、激情和创新能力也就此消失。短时间内，通过绩效管理可能可以看出效率，但是长时间执行无法帮助企业留住人心与人才。

在绩效主义下，索尼员工的潜能被禁锢，企业考核的只是员工在短期内创造的价值，无法从长远角度全面地考核员工的进步与价值。而且，绩效主义实行起来也是有岗无权，责权不清晰。在稻盛和夫看来，如果企业无法塑造相互信赖的人际关系，那么是无法获得成功的。因此，在挑选人才方面，人格高尚的人是首选，聪明才智只是第三等资质。

稻盛和夫创立的阿米巴经营绩效考核看重的是价值观，能力排在其次。这种考核将组织评价与个人评价融合在一起，是一种注重长期培养的全方位考核。在具体考核的过程中，相关管理人员会综合考虑市场环境、项目难易程度、输出的人力资源等因素，以公平性、进步性、贡献度为原则进行考核。

另外，在阿米巴经营绩效考核中，每个员工都可以从经营会计报表的数据中看到自己的进步与贡献度，从而生成客观而公平的评价。同时，由于组织划分保证了责权利的清晰，浑水摸鱼等不良现象也就很难发生了。

需要注意的是，员工能不能焕发出热情，取决于最高领导人的态度。阿米巴经营绩效考核首先看重的是企业理念，这是考核的第一指标，其次才是个人能力与业绩。不管能力与业绩多好，如果员工的价值观混乱，依旧会被刷下来。在稻盛和夫看来，一个员工的能力和业绩不够突出，但是只要他与企业形成一个命运共同体，长期培养下去最终一定可以取得奇迹般的进步。

总之，绩效主义是一把双刃剑，它既能让企业蓬勃发展，也能让企业变得僵化，发展停滞不前；既能改善组织，也能导致组织向不好的方向发展。而一旦绩效考核机制发生错误，企业就会不可避免地产生内耗，企业内部的价值观不一致势必会导致团队分崩离析。索尼便是最有说服力的例子。如果索尼当时采用的是阿米巴经营绩效考核，或者在绩效主义发生问题时及时调整到阿米巴经营绩效考核上，那么索尼现在必然不是单纯地对能力进行考核，分配利益，而是将员工与企业打造成命运共同体。若是如此，今天的索尼必然可以在经营上达到另一个新的高峰，将经营神话延续下去。

第二节　阿米巴组织业绩评价模型

阿米巴的组织业绩评价模型：业绩考评表（以销售部为例），如表 6-2
所示。

表 6-2　阿米巴单元业绩评价表

序号	评价项目	指标定义 / 计算	评价目的	考核周期	目标		实绩		目标达成度（％）		难易度	方针遵守度	评价值
					当期	累计	当期	累计	当期	累计			
1	销售额		评价市场成长性									15%	
2	边界利润率		评价商品力、市场较差竞争力									25%	
3	经营利润额		评价对企业的整体贡献度									30%	

续表

序号	评价项目	指标定义 / 计算	评价目的	考核周期	目标		实绩		目标达成度（%）		难易度	方针遵守度	评价值
					当期	累计	当期	累计	当期	累计			
4	人 × 月劳动生产力		评价人员效率									20%	
5	应收账款利息		评价应收账款效率									10%	
考核期间：		考评人确认：日期：		特殊环境要因 ± 分值					总评分				
___年度___月份至月份		被考评人确认：日期：		原因简述					综评				

第一步　确定考核指标

（1）指标数量：3~7 个，组织越小、业务越单纯，指标数量越少，反之越多。

（2）主表来源：公司或阿米巴经营目标。其中，销售额、边界利润率、经营利润额三个指标是必选项。

【演练】

第二步　完成指标定义与评价目的

（1）指标定义参考"会计原则"进行定义。

（2）填写指标评价目的，即选取该指标的意义，能反映经营工作的何种问题。

【演练】

第三步　明确考核周期

（1）最低要求以月为单位。

（2）刚导入时可以尝试以月为单位。

【演练】

第四步　填写目标与实际数据

（1）目标，即按照预算或目标规划中的数字来填写。

（2）实绩，按照实际完成情况填写。

（3）当期，统计与考核周期相一致的数据。

【演练】

第五步　计算目标达成度

目标达成度，即实际与目标之间的比率。

（1）当期目标达成度 = 当期实际 / 当期目标 ×100%。

（2）累计目标达成度 = 累计实际 / 累计目标 ×100%。

【演练】

第六步　根据难易度进行单项评分

难易度，即实现当期目标达成度的困难度，可以从市场成熟度、市场容量、竞争情况、公司投入资源、客户分布情况等角度进行比较。

（1）分S（优）、A（良）、B（中）、C（可）、D（差）五个档次。

（2）如下表所示，某部门完成销售额项，达成目标的100%及其以上为S（优秀），完成目标的90%~100%为A（良）……

（3）每个级别对应的分数是不变的，公司根据实际情况调整达成率区间。

表6-3　评分表：设定难易度和方针遵守度

设定难易度 / 评价项目		S（优）5 100%	A（良）4 90	B（中）3 80	C（可）2 65	D（差）1 40	方针遵守度		
							成长重视型	均衡重视型	利益重视型
1	销售额	100%~	90%~100%	80%~90%	65%~80%	~65%	65%	（　）	15%

续表

设定难易度 / 评价项目	S（优）5 / 100	A（良）4 / 90	B（中）3 / 80	C（可）2 / 65	D（差）1 / 40	方针遵守度 成长重视型	方针遵守度 均衡重视型	方针遵守度 利益重视型
2 边界利润率	99%~	98%~99%	95%~98%	90%~95%	~90%	10%	（ ）	40%
3 经营利润额	100%~	90%~100%	80%~90%	65%~80%	~65%	10%	（ ）	30%
4 人×月劳动生产力	120%~	105%~120%	100%~105%	90%~100%	~90%	10%	（ ）	10%
5 应收账款利息	85%~	85%~90%	95%~100%	100%~110%	~110%	5%	（ ）	5%

【演练】

第七步　方针遵守度

如上表，方针遵守度是指某项指标的完成对阿米巴同期整体目标完成的贡献度，可以理解为权重，即某项指标所占的权重。

（一）方针遵守度的选择：根据公司战略和事业阶段选择

（1）成长重视型，阿米巴组织同期的目标体系中，成长（销售额、市场份额）指标权重高于利润指标。

（2）利益重视型，阿米巴组织同期目标体系中，利润（如边界利润率、经营利润额）指标权重高于成长指标。

（3）均衡重视型，成长指标之和与利益指标相对接近。

（二）权重设置

（1）各指标相加之和为100%。

（2）权重的具体数值可进行微调。

【演练】

第八步　完成总评分

（1）完成单项评分。对照评分表，对单项进行打分，分 S（优）、A（良）、B（中）、C（可）、D（差）五个档次，S（优）=100、A（良）=90、B（中）=80、C（可）=65、D（差）=40。

单项得分 = 评级 × 方针遵守度。

（2）总得分 = 各单项指标得分之和。

【演练】

第九步　完成综评

即进行定性评价，对阿米巴组织在一定期限内经营状况的整体评价和综合评判。

【演练】

第三节　基于组织评价的个人评价

一、阿米巴个人评价的目的

阿米巴组织评价和个人评价，并不将考核结果和个人及团队的收益直接挂钩。其最大的作用是让各阿米巴经营单位了解自己的经营状况，找出改善问题的方法，以提高经营业绩。所以，个人业绩评价有两大目的，一是作为业绩改善的工具，二是作为发现人才的途径。

【思考】你如何理解阿米巴个人评价的目的?

二、个人评价基于组织评价

阿米巴强调集体的力量，而不强调个人英雄主义。个人的成就离不开组织的培养，脱离组织绩效评价而直接进入个人绩效评价，最后仍然会导致急功近利的成果主义。

【思考】阿米巴为什么强调个人评价一定要基于组织评价?

三、阿米巴个人评价的原理

阿米巴个人评价是基于组织评价，即先进行组织评价，再进行个人评价，评价的是组织中的人。

（1）组织中有少数优秀者和少数极差者，大多数是优秀与极差之间的中间者，这符合统计学规律，符合正态分布的自然法则。

（2）不同组织之间相比较，优秀的组织，优秀的人相对多一些，较差的人相对少一些；较差的组织，优秀的人相对少一些，较差的人相对多一些。

具体来看，阿米巴个人评价的原理，如图 6-1 所示。

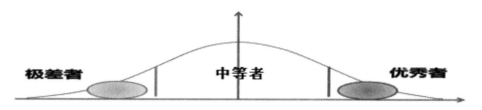

图 6-1　阿米巴个人评价的原理示意图

学生成绩正态分布

在统计考试成绩分布规律的时候，将成绩按分数段制成与上图类似的统计图。图中中等成绩占最多数，其余成绩以中等成绩为中轴，分别向两侧逐次降低，则称这次成绩呈正态分布。

（1）集中性：成绩分布的高峰位于正中央，这是平均成绩所在的位置。

（2）对称性：成绩分布的曲线以平均成绩为中轴，左右对称。

（3）均匀变动性：成绩分布曲线由平均成绩所在处开始，分别向左右两侧逐渐均匀下降。

班级与班级相比较，好班级的优秀学生多一些，差生少一些；差班级的优秀学生少一些，差生多一些。

四、个人评价操作步骤

如表 6-4 所示，横轴为组织的评价，纵轴为个人的评价，与组织优秀程度相对应的是个人评价的正态分布。注意：每一竖列数字之和等于 100%。企业可以根据实际情况，对数字进行微调。自定是指可以不设该等级。

表 6-4 基于组织评价的个人评价矩形表

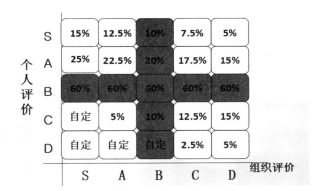

【工具】

第一步 完成组织的评价

即本章第二节讲到的内容。
【演练】

第二步 定义组织中个人评价

即 S（优）、A（良）、B（中）、C（可）、D（差）的人数在本组织内分布数量，不针对具体个人。

【演练】

第三步　在组织内对个人进行业绩评价排名

即，张三 1，李四 2，王五 3，钱大 4，小李 5，……

【演练】

第四步　对照"基于组织评价的个人评价矩阵表"，对个人进行评价

具体个人姓名对应 S（优）、A（优）、B（中）、C（可）、D（差），即总体评价。

【演练】

【成果】×× 阿米巴个人业绩评价表，如表 6-5 所示。

表 6-5　XX 阿米巴个人业绩评价表

序号	姓名	巴内业绩名次	评价等次	说明
			S（优）	
			A（优）	
			……	
			……	
			D（差）	

第四节 "二元制"——个人业绩评价结果活用

一、什么是阿米巴经营"二元制"绩效考核

在阿米巴经营模式中，理念、能力和绩效是考核的主要内容。

在稻盛和夫先生独创的阿米巴经营"二元制"绩效考核中，个人评价重点考核的是价值观，能力是其次。这也是基于组织评价与个人评价融合的长期培养、短期求果的全方位考核。例如一个小阿米巴组织的项目考核，"二元制"绩效考核会根据当前市场环境、项目的难易度系数、输出人力资源等多方面进行考虑，深入贯彻考核三大原则：进步性、贡献度、公平性。

稻盛和夫先生认为，人生在世需要三个方面的管理：健康管理、才智管理以及心灵管理。这三者中，心灵管理尤为重要。现代人对健康管理和才智管理较为关注，却往往忽视了心灵管理。多数企业家在进行员工绩效考核时，也更注重企业业绩，而忽视了对员工个人的价值考核。这时候，阿米巴经营"二元制"绩效考核刚好消除了这一弊端，使企业业绩与个人

业绩更好地相辅相成，全面、公平评定员工的贡献度与进步性，为企业培养并留住更好地人才。

阿米巴经营采用的考评系统是一种被称为"二元制"的 HR 考评体系，这种"二元制"的 HR 考评系统的建立，对于企业实现阿米巴经营具有重要作用。

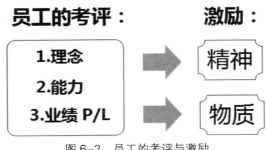

图 6-2　员工的考评与激励

【思考】阿米巴考核与传统 KPI 考核在理念上有何不同？

二、理念比能力更重要

稻盛和夫先生一直崇尚这句话：工作的意义不只是在于追求良好的业绩，更在于完善人的内心。他倡导人们全身心投入到自己该做的事情上去。

为什么是理念呢？理念代表的是我们的精神世界，我们的心灵，它决定着我们的一切。理念过关后，接下来需要看的是能力。作为一名阿米巴巴长，其最核心的能力应该是领导力，即解决问题的能力、说服能力以及良好的沟通能力。如果一个人不具备这些能力中的全部或者部分，最后也是会被排除掉的！

假如一个人的理念和能力都具备了，那最后需要看的就是业绩。将符合前两项的人中业绩最好的那个人选出来，他就是阿米巴的巴长。这一系列流程就是阿米巴中用到的选人才的漏斗法。

根据业绩考核的结果，我们可以发现员工身上的不足，从而为员工设计个性化的培训计划与内容，促使员工更好地成长。这样的绩效考核使员工得到实实在在的成长，员工因此也会大力支持我们的绩效考核工作。

【思考】结合实际，谈谈理念与能力哪个更重要。

三、"二元制"与传统绩效考核的区别

在一些企业当中，有些KPI考核方式使员工不关心企业的中长期发展，而只注重个人眼前利益，关注收益多的产品。KPI绩效考核的漏洞，导致企业员工在重要事项上采取选择性回避的态度，或是弄虚作假。在这种情况下，业务人员也会"选择性汇报"。久而久之，企业氛围和企业效益遭到严重破坏。阿米巴经营"二元制"绩效考核，以"人才培养"和"循环改善"为基本的经营方向，可以促进企业有序发展，发挥员工主观能动性。

【思考】根据经验，描述一下传统绩效考核的弊端。

四、个人业绩评价与结果活用

在阿米巴经营的体系中，首先需要建立组织评价体系。在经过多方面的咨询和了解后，企业需要根据自身的特点，确定并建立能够获得整体认同的组织绩效分析及评价系统。在此基础之上，为了让一切的经营行为直接对组织绩效进行循环改善，企业要着手构建基于公司整体绩效的员工个人考评方案，把员工的个人收益与公司的整体利益相互关联起来，让全公司上下都能够形成行为共同体、目标共同体、利益共同体，彻底激活员工的经营意识，调动员工的积极性，这就是阿米巴经营二元制考核的价值体现。

【操作】梳理一下公司个人业绩评价与结果活用的思路。

第五节　阿米巴经营模式下的薪酬策略

一、薪酬的分类

企业激励机制应该以促进人才培养，激发员工潜能与智慧为基本原则。在公平、公正、公开的经营平台上，使物质激励与精神褒奖相结合，使理念与能力得到同等重视，员工才能感受到被重视，激动人心的激励机制才能构筑起来。

表6-6　薪酬的分类

时间 对象	长期	中期	短期
高层	利益： 股权、期权、分红	分红、绩效、晋升、奖励、日常福利、培训、自有福利	
中层	福利： 车、房、小孩教育、医疗、基金、教育培训	奖金池	绩效、晋升、提成、奖励、日常福利、培训、公共福利、自有福利、评比即时激励
基层			

阿米巴经营激励体系根据现有的人力成本进行计算，按收入总额阶段核算奖金，在不同的阶段对企业不同层次人员的主要决定作用按比例进行分配。由此可以看出：

首先，在只完成了目标任务的情况下，基层员工获得最多的奖金。这种情况说明企业高层领导的决策对收入的增加没有起到任何作用，所以，此时基层员工的作用最大，这个阶段应该给基层员工分配较多奖金。

其次，当实际完成任务超出目标任务一点点的时候，企业高层领导和中层管理者获得的奖金有所提高。这种情况说明，企业中高层领导人的决策对收入的增加起了一些作用，但基层员工仍起主导作用。

最后，当实际收入大大超出目标收入的时候，企业高层决策者获得最高的奖金分配。这种情况说明，企业高层对收入的增加起到决定作用，因此，企业应当重点激励高层人员，企业高层应该获得更多的奖金。

【思考】对照上表，你如何理解从时间和对象两个纬度来对薪酬进行分类？

二、薪酬结构策略

确定薪酬结构的理念是薪酬结构应与组织相适应，支持工作完成的方式，适应组织的经营战略，这样的组织才会成功。这样的薪酬结构将会激励员工的行为与组织目标相一致。

薪酬结构主要是指企业总体薪酬所包含的固定部分薪酬（主要指基本工资）和浮动部分薪酬（主要指奖金和绩效薪酬）所占的比例。那么，供企业选择的薪酬结构策略有哪些呢？

1. 高弹性模式

这是一种激励性很强的薪酬模式。在这种薪酬模式中，固定部分比例比较低，浮动部分比例比较高，绩效薪酬是其主要组成部分，基本薪酬等的地位就比较次要，所占的比例非常低（甚至为零）。在这种薪酬模型下，工作业绩的好坏决定了员工获得薪酬的多少。所以，高绩效的员工获得高薪酬，绩效差的员工获得低薪酬，甚至零薪酬。

2. 稳定模式

此薪酬模型稳定性强，薪酬结构的主要组成部分是基本薪酬，绩效薪酬等处于非常次要的地位，所占的比例非常低（甚至为零）。即薪酬中浮动部分比较少，固定部分比例比较高。在这种薪酬模型下，员工的收入非常稳定，目标达不成也能获得接近全额的薪酬。

3. 调和模式

这是一种激励性与稳定性并存的薪酬模型。这种模式下，绩效薪酬和基本薪酬比较平衡，它们各占一定的比例。当两者的比例处于不断调和与变化的状态时，这种薪酬模型可以演变为以稳定为主的模型或者以激励为主的薪酬模型。

三种薪酬结构策略，如表 6-7 所示。

表 6-7　薪酬结构策略

	高弹性薪酬结构	高稳定性薪酬结构	调和型薪酬结构（阿米巴）
特点	浮动薪酬所占比例很高，固定薪酬占比非常低，薪酬不稳定	固定薪酬所占的比例很高，浮动薪酬占的很低，薪酬稳定	浮动薪酬和固定薪酬所占比例相当
优点	激励作用很强	员工安全感和归属感很强	员工薪酬比例稳定，安全感、归属感、激励性并重
缺点	员工缺乏安全感和归属感	缺乏激励作用	寻找合适的比例有难度

【思考】薪酬结构策略的学习对你有何启发？

三、薪酬导向策略

阿米巴经营的激励方法很多，薪酬是一种最重要、最易使用的方法。它是企业对员工的相应的回报和答谢。在员工的心目中，薪酬不仅仅是自己的劳动所得，它在一定程度上还代表着员工自身的价值，代表阿米巴组织对员工工作的认同，甚至还代表着员工个人能力和发展的前景。

阿米巴经营主要采用 3P 薪酬模式，如图 6-3 所示。

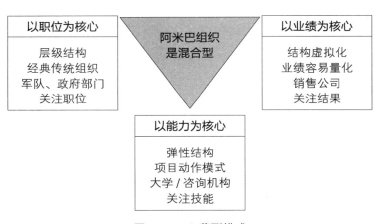

图 6-3 3P 薪酬模式

1. 以职位为核心

以职位为核心，就是在综合测评岗位职责、劳动强度、劳动条件等因素后，按岗位相对价值的高低来决定员工的工资待遇。以岗定薪，易岗易薪。

通常，公司会组建专门的岗位测评小组，或者聘请咨询公司来评估所有的岗位，估算出每个岗位的薪点。根据薪点数的大小，对岗位进行具体的规划调整，形成岗位薪资等级体系。

由于岗位职责在岗位测评的因素中起决定性作用，而职务体系可以在很大程度上反映岗位职责的大小，所以不少企业采用职务工资制度。职务等级的划分，使岗位得到了粗线条的划分。职务工资模式无法明确划分同一职务级别不同岗位员工所做的贡献，只能大体上反映出不同职务等级的员工为公司创造的相对价值的不同。

企业在具体操作过程中，有两个问题需要重点关注。一是谁来进行测评，测评者必须具有权威性；二是岗位评价指标体系的选择必须符合阿米巴组织的具体情况。

2. 以业绩为核心

以业绩为核心，即根据员工的业绩表现来确定其工资水平。绩效工资的最大优点是能够有效地激励员工的工作积极性。

绩效薪酬模式的理论前提是：

（1）员工的业绩水平必须可以精准量化考核，考核结果令人信服。

（2）员工的工作付出要明显地反映在绩效结果上，即多劳多得。

3. 以能力为核心

以能力为核心即技能薪酬模式，这是一种根据员工能力和所掌握的知识技能来确定员工的薪资水平的薪酬模式。该薪酬模式的理论前提是：

（1）以能力为薪酬衡量标准，工作技能的提升必须对应相应的薪酬提升。

（2）员工的技能水平可以通过技能评判体系来准确测量。

企业在采用该薪酬模式之前，首先要明确自己对能力的定义和能力在企业发展中的重要性，还要充分考虑员工的接受程度、实行难度、企业以往经验等多方面因素。一般来说，实行完全的技能薪酬模式困难很大，面临着很多现实问题，不能完全替代传统的报酬。在大多数公司中，职位的职能和作用，以及员工的业绩表现都必须考虑到。

不同的薪酬模式，只是所关注的侧重点不同，相同之处在于其都力图准确测量和反映员工的绩效，保证薪资分配的公平性，促进员工提升绩效。

企业在选择具体的薪酬管理模式时，一定要确定该模式是否能准确反映员工的实际贡献，使绩效水平与薪资水平相匹配，给员工以公平感和满意感，激发员工积极性，提升企业的整体绩效。

【思考】薪酬导向策略的学习对你有何启发？

四、阿米巴人事制度逻辑

1. 京瓷的人事制度逻辑

京瓷的人事制度与西方的理念有很大不同，阿米巴模式离不开哲学理念，人事制度的设计逻辑其实是对哲学的实践。对人事制度的考核有两个方面：一是哲学的实践，二是要用数字的变化来验证努力。阿米巴经营人事制度的设计逻辑，如图 6-4 所示。

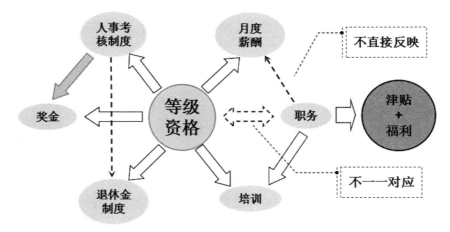

图 6-4 阿米巴经营人事制度的设计逻辑

（1）以能力等级资格为中心，设计月薪、奖金、培训等，人事考核制度和退休金制度也与等级资格紧密联系。

（2）职务与等级资格不一一对应，职务也不与月薪相关联，职务只与津贴和福利相关。

（3）职务高低不决定综合收入，同等条件下，因职务带来的收益比重较小。

2.经营哲学是首要的

阿米巴人事制度的设计基础是对哲学理念的实践。具体通过以下公式来考核：人生·工作的结果＝思维方式 × 热情 × 能力。考核的内容缺一不可，必须具备能力、热情和思维方式。该考核制度重点考核的是对哲学理念的理解和运用。

渗透经营理念，共有价值观非常重要。所以在考核过程中，要不断学习和渗透价值观，力求能够整理出有用的故事。因此，对人事制度的考核一是哲学的实践，二是要有数字的变化来验证努力。

3.重视过程和经营数据

阿米巴系统虽然十分重视经营结果的数字，但通过结果来验证过程也尤为重要。在阿米巴系统里面，既重视结果，也十分看重过程，因此，在阿米巴经营当中我们会反复强调经营管理部门在整个经营过程中的重要性。

经营管理部门的主要工作就是管理过程，如果把过程管理好，那么良好的结果自然而然地会呈现出来。也就是说，我们既要重视结果，也要重视过程，甚至重视过程比重视结果更加重要。

正所谓种好因就会有好的结果，所以稻盛和夫先生十分重视阿米巴的经营过程，重视人事管理工作。管理好人事，才能协调工作，顺利进行。

【思考】京瓷的人事制度逻辑对你有何启发？

【阅读链接】

京瓷：追求员工物质和精神双丰收

阿米巴经营追求的是员工物质和精神的双丰收，先物质，后精神。也就是说，稻盛和夫在满足员工物质需求的基础上还注重满足员工的精神需求。这一点是我国企业在导入阿米巴经营时需要特别注意的。

第一，阿米巴经营首先关注的是企业的整体效益，因此各阿米巴组织的收入不与奖金直接挂钩。如果企业整体效益不佳，其中个别阿米巴组织的效益再好也无济于事。而在成果主义的激励下，各阿米巴组织会去争抢资源，变得只关心小集体的利益，使企业的整体配合无法发挥作用。因此，我国企业在制定阿米巴经营激励机制时，要注意不要将各阿米巴组织的收入与奖金直接挂钩。

第二，各阿米巴组织的绩效与阿米巴成员的收入有联系。"人们对于差距很大的报酬和待遇会产生很大的抵触心理"，但是在待遇上企业还是不能一视同仁地对待所有人。如果那些"为了大家不遗余力地勤奋工作"的员工与那些"并非如此"的员工的待遇没有差别的话，那么这个平等反而会产生恶劣影响。需要注意的是，企业也不能因为一时的成就而大幅度地拉开员工之间的薪酬差距，管理人员要客观而公平地对员工的能力进行评价，并在薪酬、奖金、晋升等福利待遇上予以反映。

第三，各阿米巴组织要注重实用物质激励。稻盛和夫深知物质激励的明显作用，在这方面非常慷慨。曾经，稻盛和夫对员工许下承诺："要瞄准月销售10亿日元的目标。达成，全员都去香港旅游；否则，全员去寺庙修行。"月末，这个目标完美达成了，稻盛和夫便爽快地履行了承诺。在20世纪70年代石油危机爆发时，为了应对危机，稻盛和夫说服工会暂停员工加薪。到1975年经济恢复后，为了弥补员工，稻盛和夫主动要求在夏季奖金的基础上多加一个月的奖金。1976年3月的时候，稻盛和夫又为员工支付了一个月的临时奖金，将员工受危机影响的损失连本带利地补上了。

第七章
阿米巴经营模式的推行

阿米巴经营模式的推行分两部分内容：

第一，明晰阿米巴经营的整体构造。

阿米巴经营是以经营哲学为基础，与公司运作中的各项制度规定互相关联的整体经营管理系统。但是，难以明确其中内涵成为当前企业在实践中遇到的最大难题。

第二，阿米巴经营落地实施步骤。

从哲学开始，进行组织设计；量身定制经营会计和内部交易会计，量化分权，实施内部交易独立核算；进行业绩分析循环改善；逐步构筑公司赛马舞台与文化塑造。

第一节　阿米巴经营推行导航图

一、推行阿米巴的三大原则

要想革旧图新，必须通过大刀阔斧的改革才能脱胎换骨。阿米巴经营模式在中国本土化落地推行过程中，一定要综合考虑中国独特的人文特点和社会背景，遵循一定的推行原则。推行阿米巴经营的三大基本原则，如图7-1所示。

图7-1　推行阿米巴经营的三大基本原则

1.循序渐进，切忌"大跃进"

推行阿米巴经营切忌"大跃进"，搞不好就是空想改革，反而把企业越搞越四不像。一年做不成功，我们可以做两年、三年，最重要的是要坚持，慢慢沉淀，不断见证每天的进步。这是推行阿米巴经营必须遵循的第一原则。

2.局部利益要服从整体利益

一个制度的全新改革，部门间难免出现资源争夺、利益纠纷等问题，当整体和局部之间有利益冲突的时候，一定要坚持局部利益服从整体利益。

比如，在经营过程中，阿米巴 A 亏钱，阿米巴 B 赚钱，此时就需要将整体利益和局部利益统一，即牺牲阿米巴 A 这个局部利益，来成就整体的利益。

需要注意的是，在做考核调整的时候，要考虑一个平衡问题，即如果阿米巴 A 对整体的利益是有贡献的，没有阿米巴 A 的贡献，企业的经营成本不会那么低，那么，不能因为阿米巴 B 赚钱就给员工高奖金。

3."分"是为了实现更好的"合"

分是表象，合才是目的。

很多企业家曾问道："将阿米巴划分成若干个阿米巴，各个阿米巴之间会不会有竞争？这个时候，我们又该怎么办呢？"答案是：我们不能因为有竞争就不划分，最主要的是我们要明白竞争存在的目的是什么。阿米巴组织划分的目的就是让整个阿米巴群体能更好地应对来自企业外部的竞争，而处在同一个整体内部的各个阿米巴之间是一种良性的竞争与合作关系。

在阿米巴经营推行过程中，让每个员工之间多一些良性竞争，不仅可以提高员工的工作效率和能力，更有利于增强大家的合作意识。

因此，为了成功推行阿米巴经营模式，我们必须遵循以上三条原则。

【思考】为什么推行阿米巴经营模式必须要遵循如上三个原则？

二、道术合一：阿米巴经营完美落地

阿米巴经营是道术合一的系统经营模式。道，即具体的组织划分、经营会计等方法。术，即阿米巴经营哲学。除了科学的管理方法和经营工具，推行阿米巴更需要建立"回归原点"的正确思维方式。具体的推行方法可用八个字概括：以术入道，以道驭术。抓道，就是抓哲学工程，抓心灵工程，抓幸福工程；抓术，就是抓会计，搞好财务工作。只有使"道"和"术"相融合，才能使阿米巴经营真正落地。企业在推行阿米巴经营时切忌照搬别人的东西，要从实际出发，以阿米巴经营理念做指导，来构建具有本企业特色的阿米巴经营模式。

企业要尽力做好核算工作，正确的核算有助于阿米巴经营哲学系统的顺利建成。这种原理与太极图类似，一阴一阳之道，两者相互循环，相互促进，使阿米巴越做越好。所以，要使阿米巴经营完美落地，必须遵循以术入道，以道驭术，道术合一的原理，具体如图7-2所示。

图7-2　道术合一

　　"道术合一"能引领企业走上正途，而要实现真正的超越，企业还要做到"义利合一"。两者相结合才能使员工和企业快速发展。

　　所谓"义利合一"，用中国的古话来说，即"君子爱财，取之有道"。这里的"道"指的是道义，所以"义"也可以理解为"道义"。

　　对于企业经营而言，"道术合一，义利合一"是一个非常重要的经营原理。只有企业和员工同时坚持这一原理，企业才能越做越好。阿米巴经营系统全景导入模型，如图7-3所示。

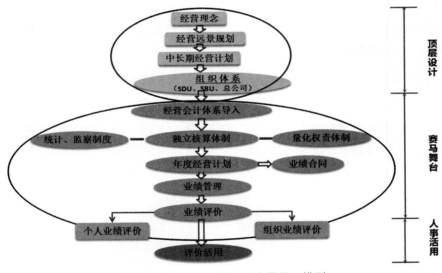

图7-3　阿米巴经营系统全景导入模型

　　【操作】道术合一的方法论能够给予你什么启示？

三、阿米巴推进导航图

阿米巴推进导航图，如图 7-4 所示。

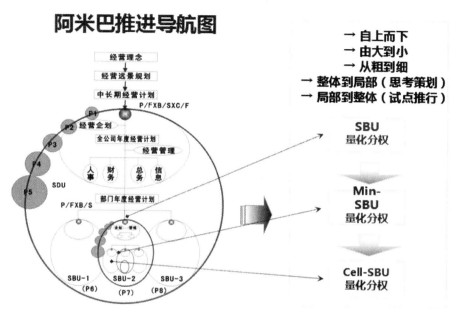

图 7-4　阿米巴推进导航图

1. 自上而下

要实现阿米巴经营落地实施，企业要采取自上而下的逐级推进措施。比如，从事业部级的 SBU 开始实行，发展成熟后向下一级各部门推进，以此类推，逐层推进，细化成越来越小的单元。

2. 由大到小

阿米巴经营模式的本质是"量化分权"，所以在推行时应该遵循分层逐步推进的原则，由上到下，由大到小。

具体来说，中国企业要按照"SBU 量化分权""Min-SBU 量化分权"

"Cell-SBU 量化分权"的步骤推行阿米巴经营模式。

3. 由粗到细

推行初期，不宜将公司组织划分太细。因为企业要对各个阿米巴单元进行独立核算，这就会涉及相关阿米巴单元的定价问题。此外，各个阿米巴单元需要根据市场情况不断地进行重组与合并等，协调过程较为烦琐。企业人才储备是否充足也是问题。因此，企业在推行阿米巴的初期，一定要量力而行，根据实际情况，进行由"粗"到"细"的划分。

4. 局部到整体（试点推行）

如果企业规模较大（如超过 20 亿元）并且业务比较复杂，那么阿米巴经营模式的推行可以先从局部试验开始。待试点取得明显成效之后，再逐步推广实行到整个企业。

例如，一家大型企业，在推行阿米巴经营模式时可以选择 2~3 个部门作为试点，待试点取得成功，再在整个公司广泛推行。

一些规模比较小的企业可以直接推行阿米巴经营模式，不需要进行试点，因为小规模企业本身就是一个放大版的试点。

【思考】阿米巴推进导航图给予了你哪些启示?

第二节　阿米巴经营本土化落地步骤

阿米巴经营本土化落地步骤，如图 7–5 所示。

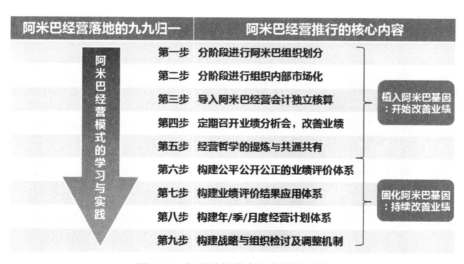

图 7–5　阿米巴经营本土化落地步骤

第一步，分阶段进行阿米巴组织划分

对阿米巴组织划分工作进行系统的、整体的设计，以便指导各项具体工作的开展。具体的步骤如下：

（1）分阶段地规划阿米巴组织划分与实施步骤，使划分后的阿米巴组织能独立核算，有完整的职能，有适合的巴长人选。

（2）综合考虑企业战略、公司价值链、人力资源状况等因素以确定划分阿米巴的依据。

（3）综合考虑产品、客户、区域、品牌、行政职能等因素以明确划分的维度。

第二步，分阶段进行组织内部市场化

企业内部市场化即企业内部建立市场的过程。这是一种企业内部按照外部市场规则进行运作的管理模式，其以解决企业效率下降的问题为目标，使企业获得更高的经济效益。

在建立总体目标的基础上，企业内部市场化的实施还需要再建立以下七个子目标：每个员工都有明确的经营指标；员工每天都知道经营效果；每个生产者都是经营者；明确每一种生产要素的价格；每个市场行为都能得到有效控制和约束；凡事注重投入和产出；每一个主体都要充满活力、产生效益。

第三步，导入阿米巴经营会计独立核算

"经营会计"是阿米巴经营模式的一个重要环节。通过"单位时间核算表"反映企业经营状况，建立与市场直接关联的部门核算制度，使每个阿米巴组织都能够独立核算、自主经营。

第四步，定期召开业绩分析会，改善业绩

阿米巴经营的最高境界是"持续改善"。只有当阿米巴模式在全体员工之间推行开来，才会进入持续改善状态。

阿米巴经营体系的持续改善一般有如下三种：

（1）现场作业员工根据阿米巴经营报表反映的问题进行反思，自发寻找解决方案。

（2）定期召开会议分析业绩，经营管理部运用阿米巴管理会计进行现场指导并实现改善。

（3）依托于阿米巴会计系统的真实数据，由专业咨询师来指导员工改善工作、提高效率。

第五步，经营哲学的提炼与共通共有

如果阿米巴经营仅仅是世人所称道的经营会计，那么企业可以学习其会计方法和技巧。但是，即使能应用或模仿阿米巴经营会计的程序，也不一定能起到很好的效果。这是因为阿米巴经营的基础是经营哲学，企业只有先学习领悟阿米巴哲学，进行经营哲学的提炼，然后再结合阿米巴经营会计，才能真正达到幸福、快乐工作的效果。

第六步，构建公平公正公开的业绩评价体系

一个企业是否处于正常的运转状态，可以通过这个企业的业绩评价体系来衡量。构建公平公正公开的业绩评价体系，能够衡量阿米巴组织的经营业绩，对阿米巴经营者进行全面、正确的评价以及引导阿米巴经营行为，有效利用企业资源等。

第七步，构建业绩评价结果应用体系

在经营和管理中，阿米巴组织必须明确发展战略目标，以业绩评价作为发展的起点，再结合阿米巴经营和发展情况，构建完善的阿米巴业绩评价结果应用体系，并将其应用到阿米巴经营之中，从而提升阿米巴组织的竞争力。

第八步，构建年/季/月度经营计划体系

经营计划体系，即以经营决策为基础，以经营目标为依据，对企业的生产经营活动和所需要的各项资源，从时间和空间上进行具体统筹安排而形成的计划体系。该体系纵向可以分为战略计划、业务计划和基层作业计划三个层次。它们三者之间的关系是：战略计划提供由上而下的指导；基层作业计划提供由下而上的保证；业务计划起着承上启下、上传下达的巨大作用。

构建年/季/月度经营计划体系的主要内容如下：

年度经营计划是企业一年的经营规划，是一种战术性规划，具有明确的方向性和指导性，以及统率全局的作用。它的任务是选择、改变或调整企业的经营服务领域和业务单位，确定企业的发展方向和目标，确定实现目标的最佳途径和方法。

季度经营计划是企业每个季度的计划，起着承上启下的重要作用。它的任务是建立企业的经营结构，为实现长远经营计划所确定的战略目标设计合理的设备、人员、资金等的结构，以形成企业的经营能力和综合素质。

月度经营计划是企业的月度计划。其主要任务是适应企业内外的实际情况，组织和安排好企业的经营活动，逐月实现企业经营目标。

第九步，构建战略与组织检讨及调整机制

由于市场环境变幻莫测，企业战略规划面临着很多风险。这些不确定的风险与企业本身特点有关，如经营系统的动态性、开放性与相关性。战略调整，是企业经营发展过程中对过去选择的目前正在实施的战略方向或线路的改变。因此，阿米巴需要构建战略与组织检讨及调整机制。

在外部环境发生变化时，阿米巴组织对战略进行反馈和调整，并调整其业绩评价体系。通过以上各个环节的实施，使企业战略目标、战略行为、战略资源和绩效管理形成一个相互促进、紧密联系的整体，确保了阿米巴经营的成功。

阿米巴导入过程中需要注意一些常见的误区，如图7-6所示。

图7-6　阿米巴导入常见误区

【操作】设计你公司的阿米巴推行步骤。

参考文献

［1］赵强. "第一" 和 "唯一" ［J］. 销售与市场，2014，7.

［2］稻盛和夫. 阿米巴经营［M］. 陈忠，译. 北京：中国大百科全书出版社，2009.

［3］稻盛和夫. 稻盛和夫的实学：阿米巴经营的基础［M］. 曹岫云，译. 北京：东方出版社，2011.

［4］稻盛和夫. 经营十二条［M］. 曹岫云，译. 北京：中信出版社，2011.

［5］稻盛和夫. 企业家成功之道［M］. 张丽颖，译. 北京：中国经济出版社，2011.

［6］稻盛和夫. 干法［M］. 曹岫云，译. 北京：华文出版社，2010.